加拿大油气区块竞争出让管理

国土资源部油气资源战略研究中心　等编著

石油工业出版社

内 容 提 要

本书从加拿大油气资源分布入手,系统介绍了加拿大油气资源管理制度和油气区块招标体系,以艾伯塔省为例分析了加拿大油气区块竞争出让程序特点。结合近年来加拿大油气区块出让成果,分析加拿大油气区块评标标准和违约处罚措施。

本书可供从事油气矿业权管理、研究以及对海外油气投资感兴趣的读者阅读参考。

图书在版编目(CIP)数据

加拿大油气区块竞争出让管理 / 国土资源部油气资源战略研究中心等编著 . -- 北京:石油工业出版社,2017.12
ISBN 978-7-5183-2334-0

Ⅰ.①加… Ⅱ.①国… Ⅲ.①石油工业 – 市场竞争 – 研究 – 加拿大 Ⅳ.① F471.162

中国版本图书馆 CIP 数据核字 (2017) 第 303105 号

出版发行:石油工业出版社
  (北京安定门外安华里 2 区 1 号　100011)
  网　　址:www.petropub.com
  编辑部:(010)64523541　图书营销中心:(010)64523633
经　　销:全国新华书店
印　　刷:北京中石油彩色印刷有限责任公司

2017 年 12 月第 1 版　2017 年 12 月第 1 次印刷
710×1000 毫米　开本:1/16　印张:3.75
字数:55 千字

定价:45.00 元
(如出现印装质量问题,我社图书营销中心负责调换)
版权所有,翻印必究

前　言
PREFACE

加拿大是全球主要的油气生产国之一，非常规油气资源丰富。加拿大政府在油气监管、基础设施建设、油气区块招标等方面有完善的管理体系和丰富的实践经验。本书从加拿大油气资源禀赋和管理体系入手，深入分析了加拿大油气区块评标标准、投标者措施和评标体系执行效果，力求为我国油气勘查区块竞争出让政策提供借鉴。

本书主要从4个方面介绍加拿大油气区块出让体系，第一章从宏观角度总结加拿大油气资源勘探开发特点和区块出让管理体系，主要介绍了加拿大油气资源分布与油气行业发展情况，以及加拿大油气区块授予主要制度，侧重于比较与美国的不同之处。第二章主要介绍加拿大油气区块竞争取得的程序、竞标人情况及评标措施、有关评标政策法规等。第三章聚焦于加拿大政府油气区块竞争出让评标标准，并评估评标标准的利弊。第四章结合实际案例，分析加拿大油气区块评标标准的执行效果，为我国油气勘查区块竞争出让评标标准提供借鉴。

本书主要编写人有罗玲、朱九成、周静、申延平、张培凤、郭继刚、高阳、Mubeshar Hussain Shan、王硕、任思达、郝江帆、毛俊莉、王倩、文雅萍等。冯志刚、刘海霞、黄梦洋、刘晓华等为本书的编写提供了帮助。国土资源部油气资源战略研究中心吴裕根副主任、杨虎林总工程师给予了指导。张玉清、童晓光、曾兴球、戴少武、黄玉珍等专家对本书提出了宝贵意见，在此表示衷心感谢。

因国际油气行业政策受诸多因素影响及作者学识有限，本书如有不当之处，敬请批评指正。

目 录
CONTENTS

第一章 加拿大油气资源勘探开发特点和区块出让管理体系 1

第一节 加拿大油气资源概况 1
第二节 加拿大油气资源勘探开发特点 7
第三节 加拿大油气勘探开发区块出让管理体系 14

第二章 加拿大油气勘探开发区块竞争出让特点研究 20

第一节 加拿大油气区块竞争出让程序 20
第二节 加拿大油气勘探开发区块竞标者群体分析 31
第三节 加拿大竞标者常用竞标措施分析 35
第四节 加拿大政府规范竞标秩序的有关政策和措施 36

第三章 加拿大政府开放油气区块竞争出让评标标准研究 39

第一节 油气区块竞争出让评标标准 39
第二节 评标标准优劣势分析 41

第四章 加拿大油气区块出让评标指标执行效果分析 43

第一节 主要评标指标执行效果和监管体系 43
第二节 中标者违背评标指标的主要处理方式 48

参考文献 52

第一章 加拿大油气资源勘探开发特点和区块出让管理体系

加拿大沉积岩分布广泛，油气资源储量丰富，主要来源为西北部沉积盆地、艾伯塔省北部油砂资源和大西洋海上油气资源，以上三个地区也是加拿大油气区块管理工作的重点。本章从加拿大油气资源分布入手，宏观地分析了加拿大油气资源勘探现状和产业发展情况，并简要介绍了加拿大油气区块出让管理体系。

第一节 加拿大油气资源概况

加拿大是北美洲最北的国家，南部及西北部与美国接壤，领土面积达 $998×10^4 km^2$。作为一个联邦制国家，加拿大由不列颠哥伦比亚省（British Columbia，BC）、艾伯塔省（Alberta，AB）、萨斯喀彻温省（Saskatchewan，SK）等 10 个省和 3 个北方地区（育空、西北和努那瓦特）共同组成。

加拿大沉积岩分布很广，包括沿海大陆架在内的沉积岩面积共 $647.5×10^4 km^2$。产油气层为寒武系到新近系，主要是泥盆系礁相碳酸盐岩和白垩系砂岩。根据地理位置和油气地质特点可分为 3 大含油气区、8 个重要含油气盆地（图 1—1）[1]，其中艾伯塔盆地是加拿大最主要的产油气盆地，也是世界著名含油气盆地之一，面积约 $98×10^4 km^2$。

早在 1861 年，加拿大就在安大略省发现了油泉子油田，但直到 1947 年在艾伯塔省发现一系列油气田后，加拿大才进入世界重要油气生产国的行列，油气工业进入了大规模的发展时期。现阶段加拿大油气工业比较发达，基础设施相对完善，油气产量世界排名第五[2,3]。

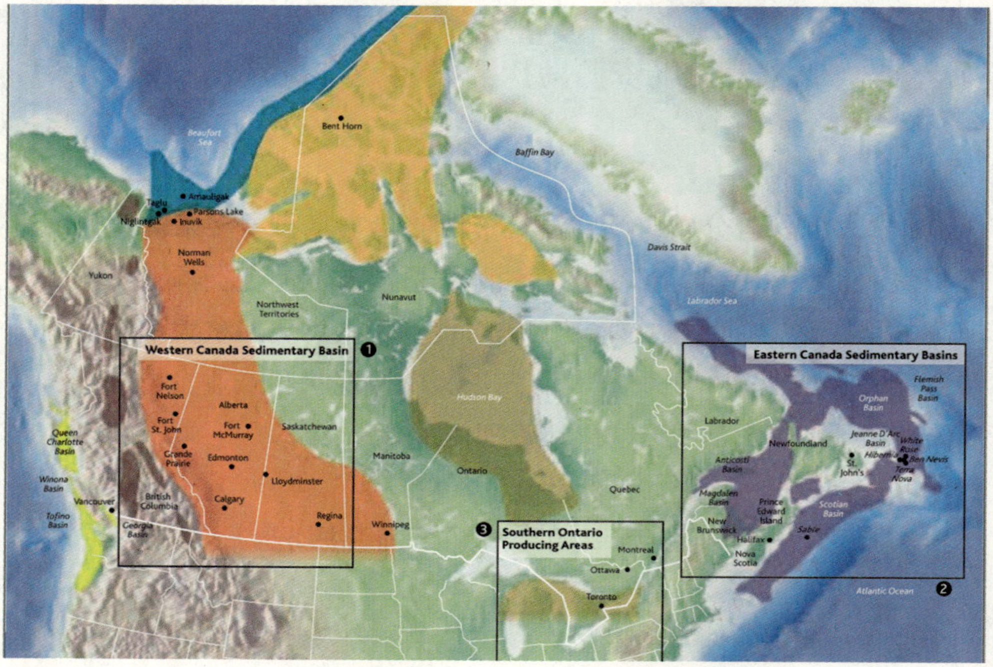

图 1-1　加拿大含油气区分布

据《BP 世界能源统计年鉴 2016 版》估计[3]，2015 年底加拿大石油探明剩余可采储量为 1722×10^8 bbl，约占全球石油探明剩余可采储量的 10.1%，仅次于沙特阿拉伯和委内瑞拉，位列世界第三。根据加拿大石油生产商协会（Canadian Association of Petroleum Producers，CAPP）[4] 及艾伯塔省能源部的数据，艾伯塔省油砂探明剩余可采储量为 1660×10^8 bbl[5]，占加拿大石油探明剩余可采储量的 96%。油砂资源主要分布在艾伯塔省的 Athabasca，Cold Lake 和 Peace River 地区[6]（图 1-2），其中 Athabasca 油砂矿是全球最大的油砂矿之一。

天然气方面，根据《BP 世界能源统计年鉴 2016 版》，加拿大天然气探明剩余可采储量为 70.2×10^{12} ft^3（2.0×10^{12} m^3），约占全球天然气探明剩余可采储量的 1.1%，绝大部分集中于西加拿大盆地，另外，东

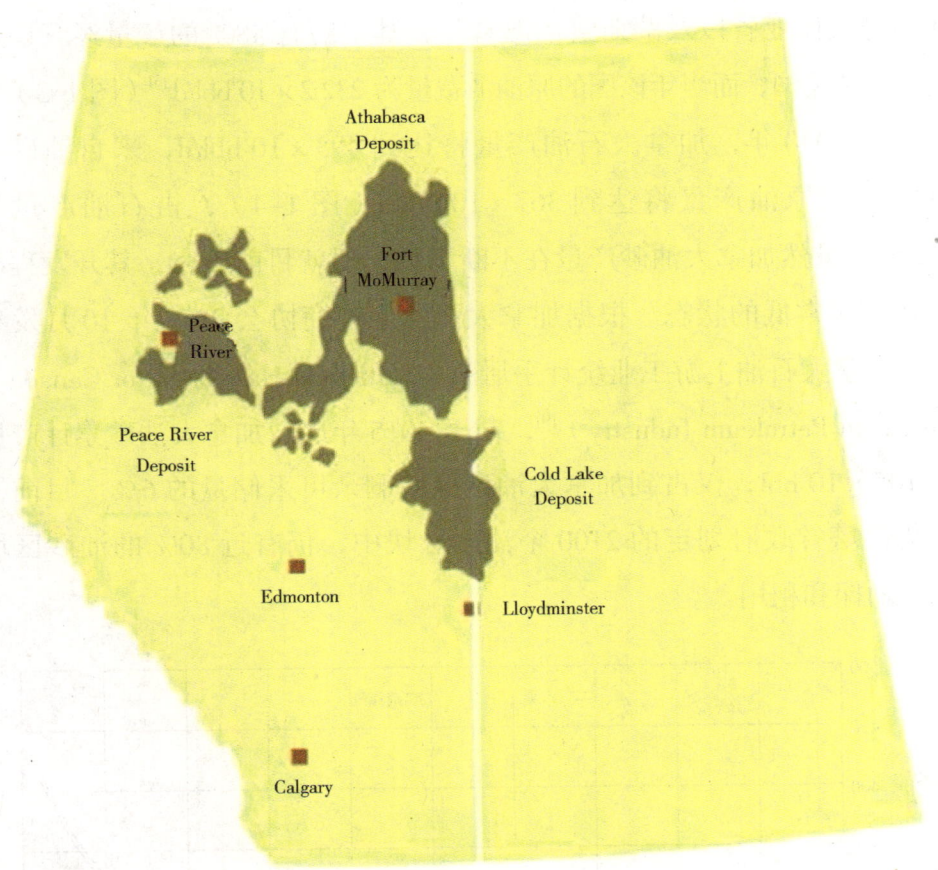

图 1-2 加拿大油砂矿位置示意图（CAPP）

部沿海如新斯科舍省（Nova Scotia）、新布伦瑞克省（New Brunswick）等也有少部分的常规天然气储量。此外，在西加拿大盆地也蕴藏着丰富的非常规天然气资源，如煤层气、页岩气和致密气等。据美国能源信息署（EIA）[2,7,8]估计，加拿大拥有 $2413 \times 10^{12} ft^3$（$68.3 \times 10^{12} m^3$）页岩气资源量。

自 1990 年起，加拿大的原油产量因油砂项目和海洋油田的陆续投产以及水平井和水力压裂技术的广泛应用出现了稳步增长。2015 年，加拿大原油产量达到 $438.5 \times 10^4 bbl/d$，产量主要集中在艾伯塔省、不列颠哥伦比亚省以及萨斯喀彻温省等,其中约有 48% 的产量经管道运输出口到美国,而当年该国的原油消费量为 232.2×10^4 bbl/d [3]（图 1-3）。预计到 2030 年,加拿大石油产量将达到 493×10^4 bbl/d,来自油砂项目的合成原油产量将达到 367×10^4 bbl/d（图 1-4）,占石油产量的 74.4%。虽然加拿大油砂产量在不断增加,但就目前而言,其开发程度仍处于非常低的状态。根据加拿大石油生产商协会 2016 年 10 月发布的《加拿大石油上游工业统计手册》（Statistical Handbook for Canada's Upstream Petroleum Industry）[9],截至 2015 年底,加拿大油砂累计产量为 105×10^8 bbl,仅占到加拿大油砂探明剩余可采储量的 6%。目前,在艾伯塔省政府划定的 2100 个油砂区块中,仍有近 80% 的油砂区域有待勘探和租用。

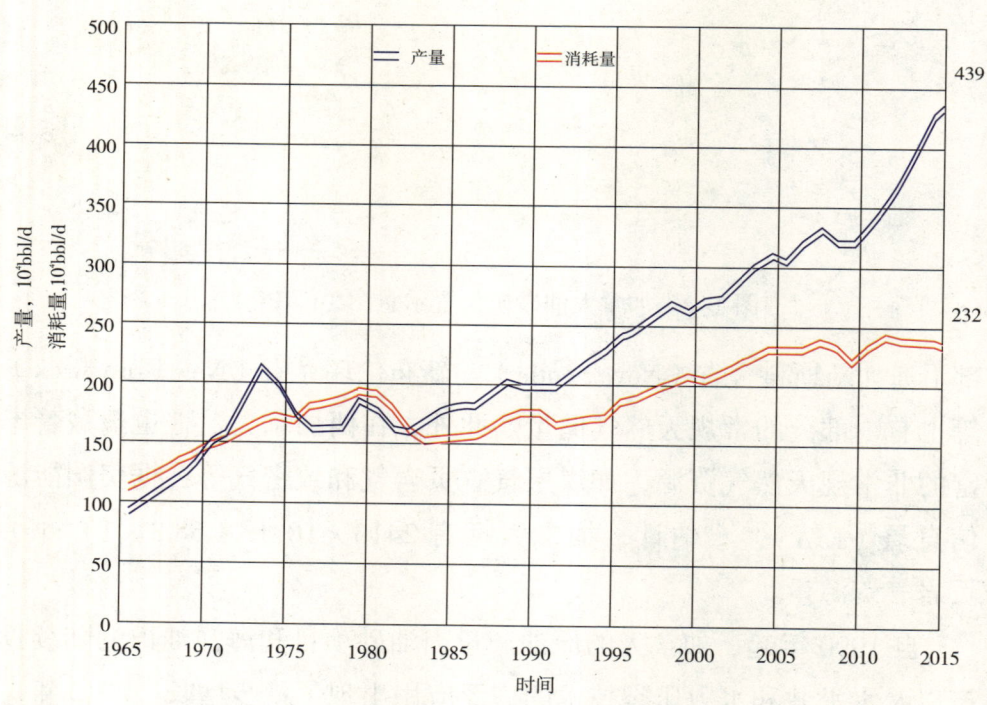

图 1-3　加拿大历年石油产量及消耗量

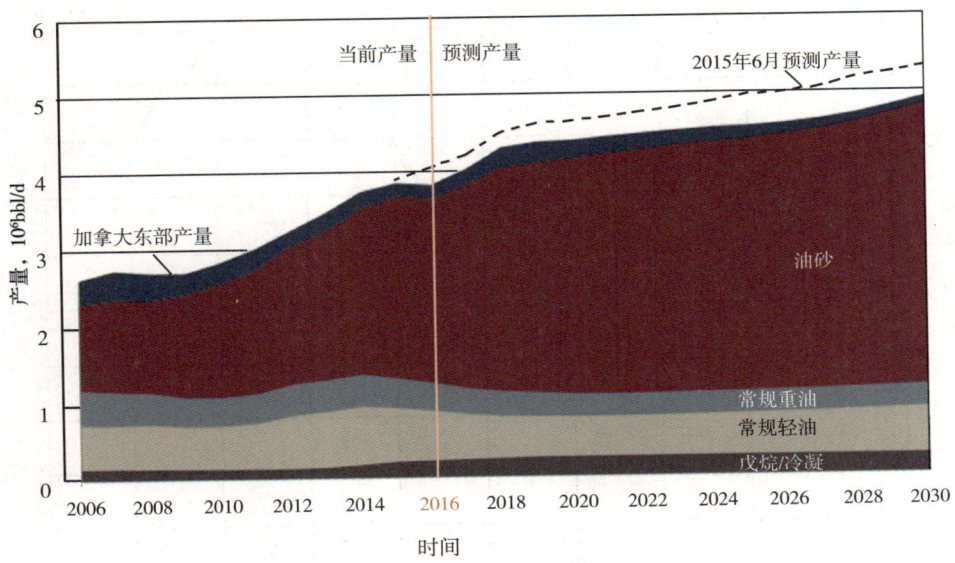

图 1-4　加拿大各类原油产量情况及预测（CAPP）[10]

2015年，加拿大天然气产量为 $1635 \times 10^8 m^3$，居世界第五位，仅次于美国、俄罗斯、卡塔尔及伊朗；消费量为 $1025 \times 10^8 m^3$（图 1-5）。2015年，加拿大向美国出口了 $743 \times 10^8 m^3$ 天然气，同时，也从美国进口天然气 $198 \times 10^8 m^3$。加拿大的天然气产量主要来自于西加拿大沉积盆地的艾伯塔省、不列颠哥伦比亚省和萨斯喀彻温省，还有一部分产量来自于新斯科舍省海上气田。根据艾伯塔省能源监管机构（AER）2015年年报，艾伯塔省2015年天然气产量 $3.9 \times 10^{12} ft^3$（$1104 \times 10^8 m^3$）（表 1-1）[11]。近几年，加拿大常规天然气产量一直在下降，而非常规天然气的产量一直在上升。加拿大已规划建设多个LNG外输终端，亚洲及欧洲是北美LNG出口项目的目标市场。当前有20个LNG项目正处于不同程度的前期开发和规划当中[12]。

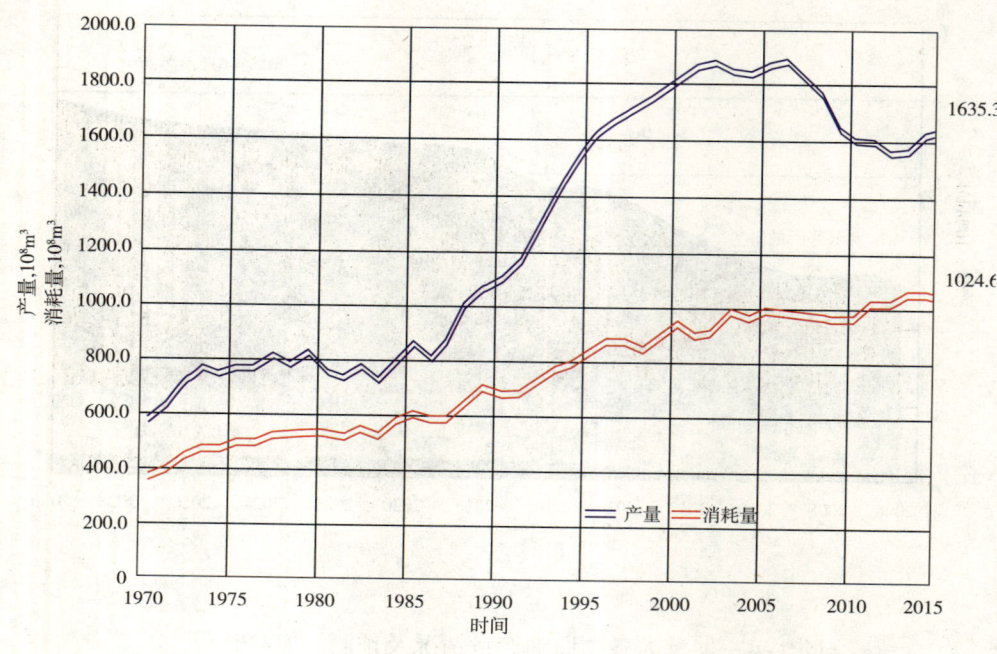

图 1-5 加拿大历年天然气产量及消耗量

表 1-1 2015 年末加拿大艾伯塔省油气储量及 2015 年产量情况 [11]

参数	天然沥青		原油		天然气①		原煤	
	$10^6 m^3$	$10^9 bbl$	$10^6 m^3$	$10^9 bbl$	$10^8 m^3$	$10^{12} ft^3$	$10^9 t$	$10^9 ton$
原始地质储量	293125	1845	13171	82.9	9880	351	94	103
探明储量	28092	177	3032.9	19.1	5654	201	34.8	38.4
累计产量	1808	11.4	2752.1	17.3	4772	169	1.63	1.8
剩余探明储量	26284	165	280.7	1.8	882②	31.3②	33.2	36.6

续表

参数	天然沥青		原油		天然气①		原煤	
	$10^6 m^3$	$10^9 bbl$	$10^6 m^3$	$10^9 bbl$	$10^8 m^3$	$10^{12} ft^3$	$10^9 t$	$10^9 ton$
年产量	146.6	0.923	30.6	0.193	109.0③	3.9③	0.027④	0.030④
总资源潜力	50000	315	3130	19.7	6276⑤	223⑤	620	683

注：成交量可能不等于四舍五入；
①意指每立方米 37.4MJ 的标准天然气，年产量数据除外，含煤层气；
②计量点为生产现场；
③含非常规天然气；
④可销售年产量；
⑤不含非常规天然气。

艾伯塔省在加拿大的油气工业中具有举足轻重的位置，油气储量和产量均处于绝对优势地位，因此，本书的重点是艾伯塔省的油气招标评标体系。

第二节 加拿大油气资源勘探开发特点

一、油气区块勘探开发基本特点

加拿大常规油气资源有限，非常规油气资源十分丰富，主要为西加拿大盆地的油砂资源、煤层气及致密气等。加拿大油气产量的上升还得力于水平井技术及水力压裂技术的推广应用，自 2013 年起，西加拿大盆地约有 80% 的生产井为水平井[13,14]（图 1-6）。相关技术的成功应用带动了大批致密油、致密气、页岩气区块的开放，这也是目前加拿大油气区块开放的主体区块类型之一。

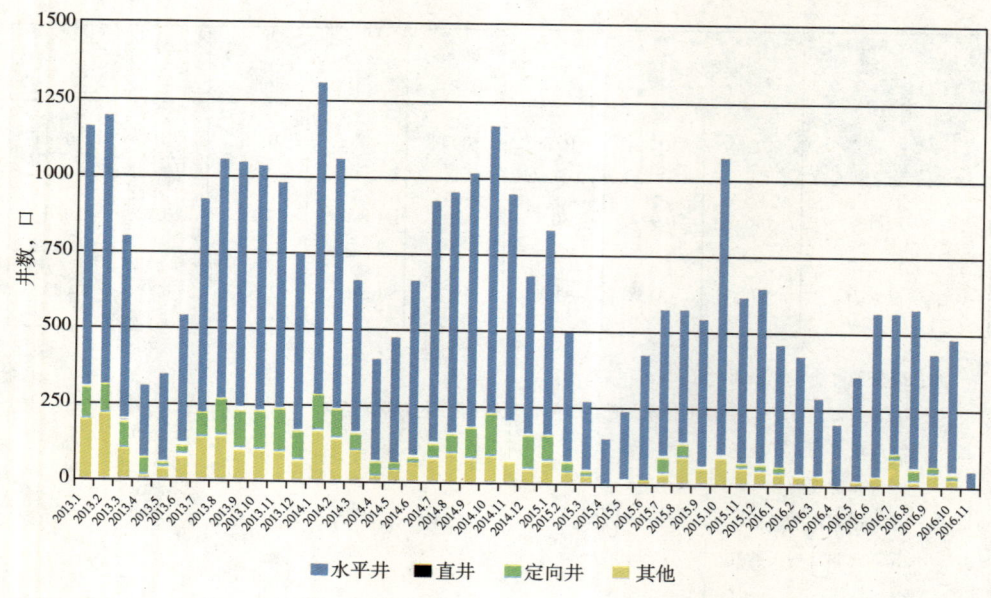

图 1-6　西加拿大盆地钻井类型

根据加拿大石油生产商协会数据，2015 年加拿大油砂产量占石油总产量的一半以上。油砂产量的增长是近年来加拿大石油总产量上升的主要拉动力。油砂资源因勘探开发成本高，开采周期长，参与开采的公司多为大型公司，如加拿大本土最大的油气公司 Suncor 能源、壳牌公司以及中国海油等。艾伯塔省政府开放的油砂区块是加拿大最重要的油气区块类型，也是加拿大油气投资的主体。

此外，除油砂区块可能比较整装连片外，其他油气区块租约一般都比较零散地被各个不同的油公司持有，政府出让的区块往往是彼此孤立的众多小单元。

加拿大没有国家石油公司且石油工业已完全私有化。加拿大主要的石油生产商包括帝国石油公司（Imperial Oil Ltd.）、加拿大能源公司（Encana Corporation）、塔利斯曼能源公司（Talisman Energy）、赫斯基能源公司（Husky Energy）和阿帕奇加拿大公司（Apache Canada）等。美国公司在加拿大石油工业中占据了相当大的规模，具有很强的影响力。此外，加拿大数百家中小公司十分活跃，也是参与艾伯塔省政府常规油气区块出让的主体。

此外，加拿大的多伦多股票交易所是世界上独立油气公司交易最活跃的市场之一，为大小油公司的融资提供便利，推动加拿大成为仅次于美国的油气储量交易市场。这些都为政府开放区块、吸引投资者创造了良好条件。

二、油气业务综合保障体系特点

经过多年的努力，加拿大，特别是艾伯塔省，建立了完善的油气工业基础保障体系，形成了全面开放、规范竞争的格局，为政府区块招标创造了良好的社会依托和条件。

1. 管道运输及炼化

加拿大原油管道系统开放、发达，同美国的管道系统形成统一的体系（图1-7）。加拿大西部地区拥有其国内最大的管道系统（表1-2）。省际及国际管道主要由 NEB 监管运营，总长度约73000km，占加拿大总油气管道的10%[15]；省内管道由各省监管，其中艾伯塔省油气管道总长度为431000km[11]，由艾伯塔省能源监管机构监管，不列颠哥伦比亚省的43000km 油气管道由天然气委员会监管。国际管道主干线由 Enbridge 公司、Kinder Morgan 公司、Spectra 公司和 Trans Canada 公司四大管道公司经营，形成彼此合作而竞争兼备的关系，总管输能力约 380×10^4 bbl/d，主要将加拿大西部生产的石油运往美国。

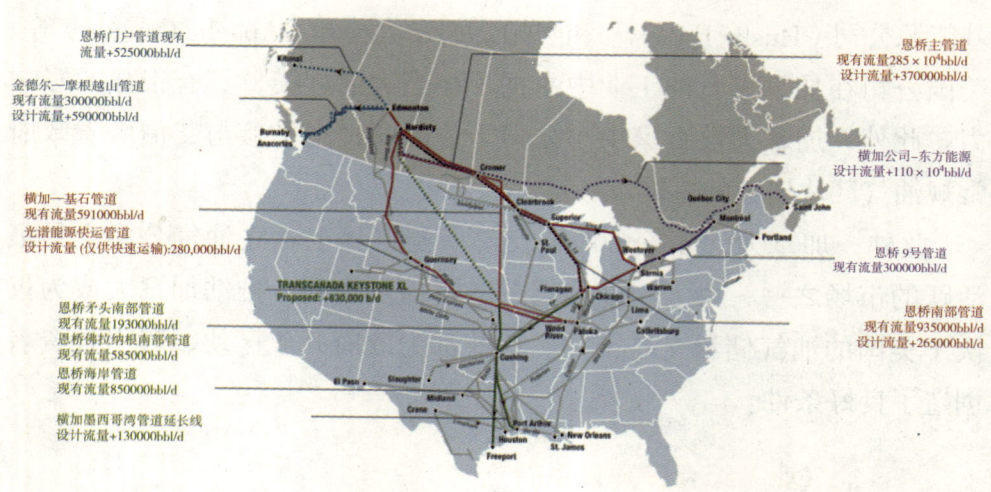

图 1-7　加拿大原油管线图

表 1-2　加拿大西部现有的石油外输管线

管道名称	管输能力 10^4 bbl/d	投入使用时间	目标市场
Enbridge Mainline	265	1950 年	加拿大东部 美国中西部
Kinder Morgan Trana Mountain	30	1953 年	美国加利福尼亚州 美国墨西哥湾
Spectra Express	28	1997 年	美国中西部
TransCanada Keystoen	59	2010 年	途径伊利诺斯州至库欣地区

　　加拿大天然气管道系统与美国管道系统高度互联（图 1-8）。天然气从西加拿大沉积盆地（WCSB）运输到国内市场和美国，同原油管道类似，也形成了多家独立运营的管道公司彼此竞争的格局，为油公司提供多个选择。

图 1-8　加拿大天然气管网图

铁路运输也是加拿大石油运输的主要方式之一。北美的铁路网络十分广泛，几乎连接了整个大陆的所有主要城市和港口。加拿大的铁路网络主要由加拿大太平洋铁路（CPR）和加拿大国家铁路（CN）拥有，也形成合作与竞争兼备的关系。2015 年平均约有 14×10^4 bbl/d 的原油通过铁路从西加拿大运往加拿大各地（图 1-9），约占西加拿大原油产量的 4%。铁路运输原油不仅弥补了油气管道的不足，也作为一种运输模式加剧了管道的竞争，从而为油气区块的勘探开发提供了更多选择。

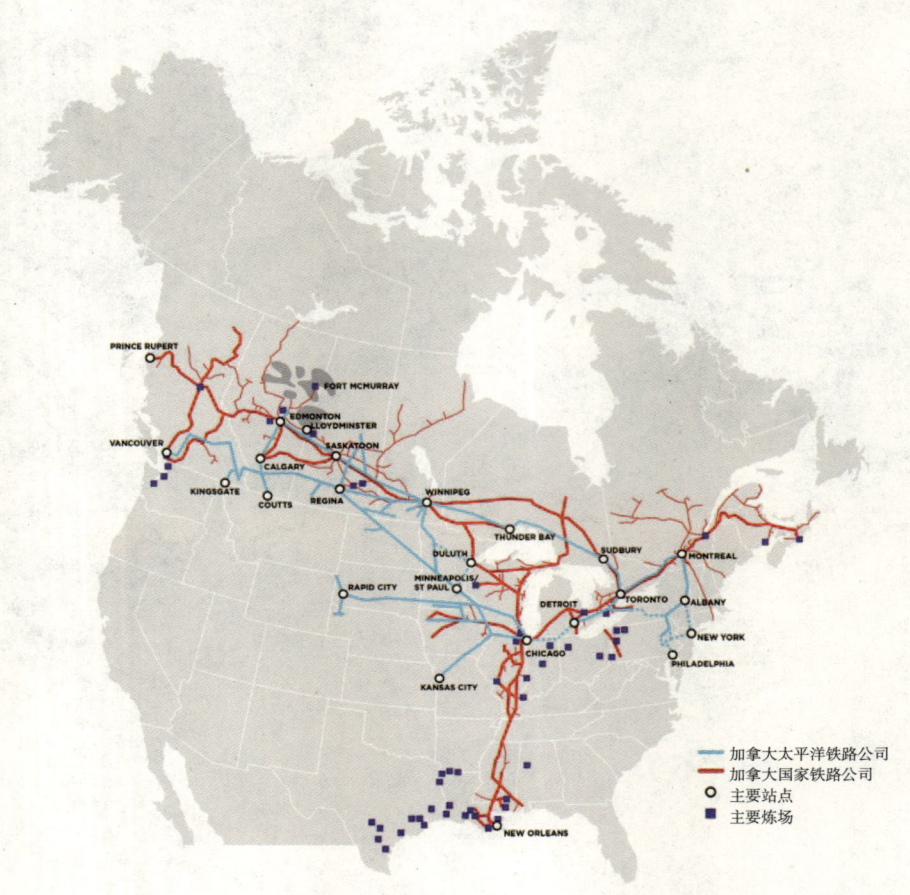

图 1-9　加拿大油气铁路运输路线图

加拿大炼化厂也是一个开放的体系，可以彼此竞争地为油气生产者服务，原油收购价格以及收购程序比较透明。炼厂主要集中在艾伯塔和萨斯喀彻温、安大略、魁北克与大西洋沿岸。根据加拿大石油生产商协会的数据，加拿大有16个炼油厂总原油处理能力约 190×10^4 bbl/d[9]。

总之，加拿大油气管道、炼油厂等重要油气业务基础设施发达，管理体系开放，运营主体形成多家竞争的局面，按照公开透明的程序向油气公司开放，极大地方便了中小公司投资油气业务，这也是加拿大油气市场活跃，政府出让区块评标门槛较低的根本原因。

2. 废水排放和天然气处理等基础保障设施

油田产出废水排放和天然气处理设施往往是制约油气公司，特别是制约中小规模公司发展的瓶颈。针对油气生产区，加拿大往往明确废水处理方式，并经常授权专门的废水处理公司采用环保的方式统一处理废水，既尽可能降低对环境的影响，也避免各公司重复建设处理设施，提高油公司的效益。此外，政府也鼓励油公司共享天然气处理设施，鼓励建设为多家公司同时服务的天然气处理厂。这些开放的措施极大地为中小油公司发展创造了条件，提高了他们参与投标的积极性，降低了市场准入门槛。

3. 油气基础数据管理和共享系统

为便利油公司评估政府出让的区块、研究区块的潜力，艾伯塔省建立了面向社会开放的油气区块资料管理体系。一方面，政府规定油公司必须在规定的时间内将区块的钻井、生产等资料上交政府指定的部门，保证政府掌握大量区块历史资料；另一方面，艾伯塔省政府通过商业化的模式委托民营服务公司建立专门的资料库，管理这些油公司上交的大量数据，并通过服务公司有偿向社会开放。这为投资者参与油气区块投标提供了极大的便利，也降低了每次招标政府组织资料包的难度。

加拿大政局稳定，法制健全，市场体系和社会信用体系发育完善。油气大省艾伯塔省和不列颠哥伦比亚省油气产区地势平坦，交通、电力、油气管网等设施完善，石油勘探开发活动十分活跃，勘探开发技术先进，相关人力资源密集，行业专业化分工程度极高，储量评估、生产管理、工程施工、运营监督以及油品销售等各环节均有各类专业化公司协作参与，行业标准齐全，操作程序规范。

第三节 加拿大油气勘探开发区块出让管理体系

加拿大资源产权制度继承英美法系，矿产资源所有权实行的是土地所有权体制。根据联邦宪法规定，各省（区）公有土地的矿区和油气资源归各省政府所有，联邦政府拥有其属地的油气资源所有权，加拿大3个少数民族地区的矿权也归联邦所有。油气资源管理机构分为联邦和省两级，但以省政府为主。

一、联邦管理机构

1. 加拿大自然资源部（Natural Resources Canada）

自然资源部是联邦政府的油气资源主管部门，其下设有国家能源委员会、林务局、地球科学局、创新及能源科技局和矿物金属局等主要能源部门，职责是加强国家自然资源的开发和利用，提高加拿大天然资源性产品的竞争力，提供最前沿的地球科学知识，促进国家资源的有效利用，进行技术创新以确保自然资源的可持续发展，制定政策法规和方案来增强自然资源部对经济发展的贡献，确保为社会提供最经济的服务，提高民众的生活质量。

2. 国家能源委员会（National Energy Board，NEB）

国家能源委员会直属加拿大自然资源部领导，是联邦油气资源监管机构，但独立行使职能。国家能源委员会负责制定国家总体油气资源的战略和政策目标，确保资源的有效合理开发利用和国内能源供应。

国家能源委员会的职能主要包括监管省际和国际间管道的建设、

运营以及管道流量、通行费和关税；监管天然气进出口、石油出口以及边境地区石油和天然气活动；对特定能源问题进行研究，为加拿大自然资源部部长提供关于能源监管方面专业的建议；监测当前和今后加拿大的主要能源商品供应情况。除了《国家能源委员会法》规定的职责外，该委员会也要履行《加拿大石油和天然气操作法》《加拿大环境评估法》《北方管道法》《加拿大石油资源法》和《加拿大运输法》规定的相关职责，其管辖范围已扩大至包括管道运输以外的石油或天然气领域。

国家能源委员会最权威的职能是《国家能源委员会法》赋予的独立行使职能的权力。该委员会虽然隶属于加拿大自然资源部，但独立行使监管职能，每年通过加拿大自然资源部部长向加拿大国家议会汇报工作。监管的决策程序十分透明，在做出独立决策时，要提供决策理由。被监管者可以对监管者的决策进行公开的质疑、起诉，以维护自身的合法权益。国家能源委员会对申请的诉讼举行公众听证会，个人、利益团体、公司和其他组织可以参与听证会，同时，听证会有类似民事法院的法庭记录。国家能源委员会的监督管理过程公开、公正并且透明。

此外，国家能源委员会与省和联邦机构合作，降低监管重叠，提高监管效率。同时，该委员会与其他国家合作实施共同监管，特别是与美国联邦能源监管委员会签署协议来协调跨境项目的监管办法。

二、省（区）管理机构

加拿大联邦和各省的能源主管机构之间并不存在行政等级关系，省政府都有独立于联邦的立法权。加拿大各省政府通过各自能源相关法律设有油气资源的主管部门，虽然名称不同，但都是只在本省区范围内独立行使油气资源管理职权，负责管理本省（区）范围内资源的勘探、开采以及矿山的建设、管理和修复作业，并保护本省地区经济的发展，维护与油气资源有关的投资利益；同时，向政府部门提供专业知识支持并帮助政府制定决策，也面向公众提供公共的科学信息和咨询服务[16]。

油气资源监管机构也是通过各省的能源相关法律设置，依照法定程序在法律范围内行使管理职权，职权范围仅限于本省。各省的油气资源监管机构隶属于省级主管部门，但独立行使权利，与联邦的能源监管委员会合作协调管理跨省的矿业活动。

表1-3所示为本书调研的4个油气大省油气资源管理机构和相关法规。以艾伯塔省为例，艾伯塔省建立了一套致力于能源开发与环境、经济和社会相互协调统一的综合资源管理系统（Integrated Resource Management System，IRMS），IRMS由艾伯塔省政府统一领导，主要包括能源政策管理办公室（Policy Management Office，PMO）、艾伯塔能源监管机构（Alberta Energy Regulator，AER）、原住民咨询办公室（Aboriginal Consultation Office，ACO）等能源相关机构。75年来，随着技术的革新、石油工业的新动向以及社会期望的不断提升，艾伯塔省能源监管机构不断调整和改进，该机构接替了原能源资源保护委员会（ERCB）所有的油气监管职权，取代了环境保护和资源可持续发展部（ESRD）在公有土地、水资源和环境等方面的监管职能，该机构负责艾伯塔省石油、天然气以及煤炭等资源的勘探和开发全生命周期内的监管，囊括了公有土地管理、能源项目申请审批、能源开发过程监管等各个环节[17,18]。根据2015年AER年报，AER拥有雇员超过1000人，其监管的范围包括约174000口活动井、797个天然气处理厂、石油设施30000多件和天然气设施21000件以及431000km的油气管道；同时，AER受理了约47000项能源相关开发申请[11]。

表 1-3　加拿大主要油气大省油气资源管理机构和相关法律

省份	油气主管部门	油气监管机构	相关法规
艾伯塔省	能源部（Department of Energy）	阿尔伯塔能源监管机构（Alberta Energy Regulator）	《能源开发责任法案》（《Responsible Energy Development Act》）
不列颠哥伦比亚省	天然气开发部（Ministry of Natural Gas Development）	石油和天然气委员会（BC Oil & Gas Commission）	《石油和天然气活动法》（《Petroleum and Natural Gas Act》）
萨斯喀彻温省	经济部（Ministry of the Economy）	经济部（Ministry of the Economy）	《石油和天然气保护法》（《The Oil and Gas Conservation Act》）
新斯科舍省	自然资源部（Natural Resources Canada）	新斯科舍省海洋石油委员会（Canada–Nova Scotia Offshore Petroleum Board）	《加拿大新斯科舍省近海石油资源协调实施法》（《Canada–Nova Scotia Offshore Petroleum Resources Accord Implementation (Nova Scotia) Act》）

AER 的主要执法依据是《能源开发责任法案》（《Responsible Energy Development Act》），该法案规定 AER 不仅负责石油、天然气和煤炭等相关能源法案的管理规范和执行，同时还对《公共土地法》（《Public Land Act》）、《环境保护和促进法》（《Environmental Protection and Enhancement Act》）和《水资源法》（《Water Act》）等法案中涉及能源发展的部分具有管理权力。为此，AER 还肩负公共土地处置和管理、环境保护和水资源管理和保护等使命。

AER 的具体监管流程可以根据项目阶段分为项目申请初期的审批、项目运营中的监督和检查以及项目终止之后的废弃和复垦三个部分。监管模式高度集权，不仅有效地提升了监管的一致性和专业性，也提高了项目审批效率以及监管执行力，为能源行业的健康、高效和可持续发展提供了更强的保障。

三、管理体系特点

（1）油气资源管理实行分权制。联邦和省级政府机构相互分工管理油气矿权。省级与联邦管理机构不存在行政等级关系，也就是说，两者之间不具有上下级的领导关系。加拿大联邦政府通过主要政策和法律实行宏观调控、保证联邦政府管理的权威性，主要调控国内省和省之间的以及国际间的矿权贸易，而省级政府通过直接管理采矿业充分发挥了当地政府管理的能动性，具体负责区内油气资源的矿权出让及管理。

（2）油气资源管理实行政监分离。加拿大联邦油气资源管理机构分为主管部门自然资源部和监管机构国家能源委员会，即将政策制定和执行职能分离，两者独立行使职权，有效地保证了政策的贯彻实施和监管的独立性。

（3）管理机构职能具体、明确。各级政府的权利分配明确，管理内容具体，职能各有侧重点。联邦和省级的组织结构健全，部门、机构和委员会分工合作达到管理目标的一致性。管理以服务矿业活动为根本，提供能源资源政策法规，促进能源资源以及相关产业的发展。

（4）加拿大油气资源监管机构国家能源委员会有"最高法院"式的独立行使职能的权利，即委员会的最终裁决具有法律效力。虽然隶属于加拿大自然资源部，但独立行使监管职能。国家能源委员会的目标是确保能源资源的安全性和可靠性。国家能源委员会与其他联邦和地方机构合作，避免监督重叠，提高监管效率；与其他联邦机构的合作涉及能源运输、能源安全、能源开发、能源贸易、能源法律法规和环保的各个方面；与地方机构合作，发挥地方政府能动性和直接性的监管作用。此外，国家能源委员会还与其他国家合作实施共同监管。

（5）监管机构的监管过程遵循公开、公正并且透明的原则。被监管者可以对监管者的决策进行公开的质疑、起诉，以维护自身的合法

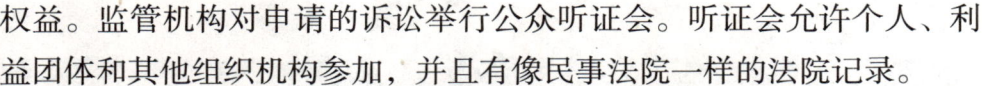

权益。监管机构对申请的诉讼举行公众听证会。听证会允许个人、利益团体和其他组织机构参加,并且有像民事法院一样的法院记录。

（6）提供能源信息、知识和咨询服务。联邦政府与省级政府共享能源数据信息,以公共科学信息的形式向社会公开,提供咨询服务。在加拿大,除地震勘探的资料归出资者所有外,个人或者公司可以在付费使用的数据库中获得油气钻井、完井、测井及生产数据。此外,能源相关部门向政府提供专业知识支持,帮助政府做出明智的决策。

第二章 加拿大油气勘探开发区块竞争出让特点研究

加拿大是一个油气技术发达、政策法规健全的国家，其油气市场环境自由、公开、透明。作为君主立宪制国家，油气矿权绝大多数由联邦或省政府持有，这部分矿权称为皇家矿权；而由私人或公司持有的油气矿权称为私人矿权。如在艾伯塔省，省政府持有省内81%的油气矿权，其余19%的油气矿权则由联邦政府和私人或公司持有。政府或私人并不出让所持有的油气矿权，而是向有资金或技术实力的投资者出让油气勘探和开发权益，并以此收取相应的地租和特许费。

第一节 加拿大油气区块竞争出让程序

一、陆上油气区块出让程序

加拿大油气资源主要集中在西加拿大盆地的艾伯塔省、萨斯喀彻温省和不列颠哥伦比亚省等地，陆上油气区块出让也主要集中在这些地区，尤以艾伯塔省居多。政府出让的绝大部分油气勘探和开发权益，都是通过公开竞标的方式出让的，竞标者通过政府举行的公开竞标获得油气权益。

本书充分了解了艾伯塔省、不列颠哥伦比亚省、萨斯喀彻温省及新斯科舍省近年来的公开竞标（表2-1），其中艾伯塔省平均每两周举行一次，竞标者通过Electronic Transfer System（ETS）参与竞标出价，出价最高的竞标者中标后与政府签订皇家油气协议[19]；不列颠哥伦比亚省以密封投标的方式平均每月招标一次，出价最高的竞标者中标后与政府签订皇家油气协议[20]，不列颠哥伦比亚省的皇家油气协议包括许可（Permits）、钻井执照（Drilling Licences）及租约（Leases）；萨斯喀彻温省平均每两个月招标一次，竞标者需通过综合资源系统 Integrated Resource Information System（IRIS）在网上进行投标[21]。投标根据所投区块的类型及权益的类型可分为两类：一类是租约、勘探许可证及油砂特殊勘探许可证的招标；另一类为油气及页岩油特殊勘探许可证的招标。因油气资源大多都集中在艾伯塔省，且该省每年举行的油气公开竞标次数也在各省居榜首，本书以艾伯塔省为主详细展开了加拿大油气勘探开发区块竞标体系的分析。

表 2-1 加拿大油气大省公开招标概况

省份	招标组织部门	招投标使用系统	平均年招投标次数	支付系统
艾伯塔省	能源部（Department of Energy）	Electronic Transfer System（ETS）	24	电子资金转账（EFT Bank Account）
不列颠哥伦比亚省	天然气开发部（Ministry of Natural Gas Development）	密封投标	12	预授权（Pre-Authorized Debit）
萨斯喀彻温省	经济部（Ministry of the Economy）	Integrated Resource Information System(IRIS)	6	电子借记卡代码（Electronic Debit Code）
新斯科舍省	新斯科舍省海洋石油委员会（Canada-Nova Scotia Offshore Petroleum Board）	密封投标	1	银行转账或支票（Bank Draft or Check）

艾伯塔省油气公开竞标由省能源部举行，每年约进行 24 次油气协议的公开出让。

艾伯塔省皇家油气协议具体分普通油气协议和油砂协议两类。普通油气协议赋予承租人根据协议条款，在规定的区域和范围内钻探、开发、生产及销售原油和天然气的专属权利。承租人则根据政府规定的标准及收益或生产比例，向政府缴纳地租和特许费。普通油气协议包括油气许可和油气租约两种。油气租约的租期为五年，并可经申请延期。但油气许可的初始租期，根据油气资源所在位置有所不同（表2-2），平原地区（Plains Region）最大协议覆盖的区域为15个区块（section）即38.4km^2，初始租期为2年；北部地区（Northern Region）最大面积为32个区块（section）即81.92km^2，初始租期为4年；山麓地区（Foothills Region）最大面积为36个区块（section）即92.16km^2，初始租期为5年。

表2-2　艾伯塔省普通油气协议租期及最大面积统计表

地区	初始租期，a	最大覆盖区域区块	折合面积 km^2
平原地区	2	15	38.4
北部地区	4	32	81.92
山麓地区	5	36	92.16

注：根据 Petroleum and Natural Gas Tenure Regulation 统计。

油砂协议具体包括油砂许可和油砂租约两种。油砂协议赋予承租人在特定区域和地层钻探、开采、生产和销售政府所有的油砂资源的专属权利。承租人则根据政府规定的标准及收益或生产比例，向政府缴纳地租和特许费。一项油砂协议覆盖的区域，最大可达到36个区块（section），约92km^2。油砂许可的租期为5年，油砂租约的租期为15年，并可经申请延期。

艾伯塔省油气区块出让都是通过 Electronic Transfer System（ETS）系统进行的，所以竞标者需要在投标前向能源部门提交申请，完成账户注册后方可参与投标。竞标者需要在投标截止日期前通过该电子系统参与投标，总支付金额包括贡金（bonus）、租金（3.5加元/ha，总地租不得低于 50 加元）及 625 加元的行政费用。招标公告中规定了贡金的最小值，其中租约不得低于 2.5 加元 /ha，许可不得低于 1.25 加元 /ha。竞标者可在竞标日（Sale Date）前 8 周提交贡金，如果出现相同报价且该报价为最高，则 ETS 系统会告知竞标者并重设期限以令竞标者修改报价，出价最高的竞标者将获得所投区块的油气权益，竞标日之后两周，中标者通过 ETS 获取协议。付款必须通过电子资金转账（EFT），这也就要求竞标者必须在投标前注册 EFT 账户。竞标者需保证竞标日当天他们的电子银行账户中有足够的资金来投标。一般来说，油气公开竞标在竞标日当天会将投标总金额从中标者的电子账户中扣除，油砂项目相对金额较大，能源部允许竞标者在竞标日后两日内完成付款；若由于竞标者资金不足导致付款失败，竞标者需要缴纳总贡金的 3% 作为罚款。竞标者支付利息及本金后可继续拥有授予的区块，若竞标者仅缴纳罚款，则区块将被授予下一个最高竞标者或者由能源部撤回。如果同一竞标者不止一次发生此类情况，省能源部保留拒绝该公司或个人未来出价和（或）区块提名的权利。图 2-1 所示为艾伯塔省公开油气项目招标时间安排。

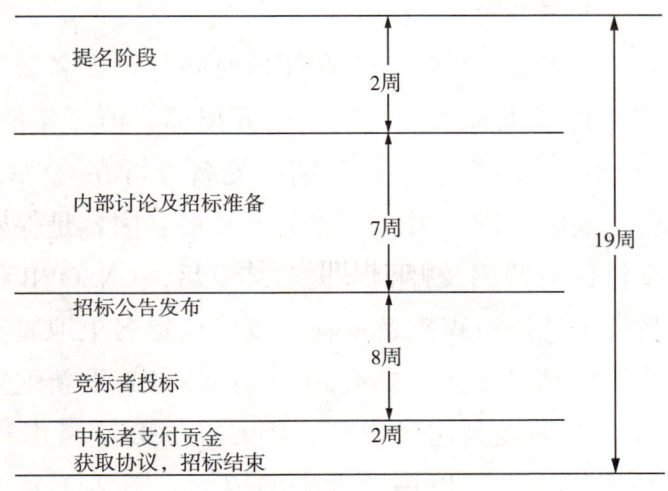

图 2-1　加拿大艾伯塔省公开油气项目招标时间安排

二、海上油气区块出让

本书还调研了加拿大新斯科舍省海上油气区块出让情况。加拿大新斯科舍省由该省海洋石油委员会（CNSOPB）管理其海上油气项目，表2-3列示了其海上油气区块公开招标的基本流程，该省每年举行一次海上油气区块公开招标。

表 2-3　新斯科舍海上油气区块年度公开招标流程[22]

时间	新斯科舍海上油气区块公开招标流程
12月1日	下轮油气招标区块提名截至日期
4月中旬	招标公告
11月上旬	招标关闭：需在规定日期前提交报价，由海洋管理委员会组织并选出成功竞标者
1月15日	勘探许可证：向成功投标人发放勘探许可证

注：根据CNSOPB网站资料编制。

任何个人、公司或者CNSOPB在任何时间都可提名属于新斯科舍省政府所有的土地以供未来油气区块公开招标，但每年的12月1日为下轮油气招标区块的提名截止日期。提名方可在CNSOPB网站上获取可供提名土地的地图；另外，提名方及提名内容是保密的，提名土地不需要交付任何费用及押金。提名结束后，CNSOPB将会根据环境因素对提名的土地进行审查及审核，以确认提名土地属于政府所有土地且不在油气活动禁止区，如有必要，CNSOPB重新配置提名土地并告知提名方。如果提名通过审核，则CNSOPB应考虑这些提名以及确定相关环境敏感性，以用于未来的招标。图2-2为土地提名格式示例。

LAND NOMINATION FORM

Name of Individual of Company:
_____

Phone Number: _____

Email Address: _____

Nominates the following lands for consideration for the next Call for Bids.

Signature: _____

Date: _____

Print Name and Title: _____

Preferred type of Terms and Conditions: Standard: _____   Alternative: _____

Latitude	Longitude	Sections	#of Sections

Nominations must follew the Land Division Guidelines

图 2-2 土地提名格式示例

待 CNSOPB 的基本决策（Fundamental Decision）通过联邦自然资源部部长批准后，CNSOPB 将组织并发起油气公开招标，通常 4 月中旬开始发布招标公告，11 月上旬结束招标。公众可针对招标提交书面意见，所提意见应该在规定时间（发布招标公告日期后 60 日内）提交方可有效。CNSOPB 4 月中旬会在招标网站上公布区块详情、地质条件、环评结果以及如何投标。招标公告（图 2-3）不仅对招标区块做出说明（图 2-4），也对各区块分别列示了许可证类型（EL、SDL、PL）、许可证条款及条件，规定了投标截止日期以及投标标书的格式（图 2-5）及投标方式，也明确告知了竞标者评标标准是"价高者得"。

Table of Contents

1.0　CANADA-NOVA SCOTIA OFFSHORE PETROLEUM BOARD – PROFILE 1
2.0　CALL FOR BIDS NS16-1 2
　2.1　Applicable Legislation 2
　2.2　Terms and Conditions of Exploration Licences & Significant Discovery Licences 2
　2.3　Submission of Bids 2
　2.4　Amendments to Call for Bids 3
　2.5　Submission of Written Comments 4
　2.6　Bid Assessment Criterion 4
　2.7　Deposits 5
　2.8　Identification of Bidders 7
　2.9　Environmental Studies Research Fund 7
　2.10　Canada-Nova Scotia Benefits Plan 7
　2.11　Activity Authorization 8
　2.12　Information 8
　2.13　Non-Compliance 9
APPENDIX I 10
APPENDIX II 17
APPENDIX III 21
APPENDIX IV 31
APPENDIX V 40

图 2–3　新斯科舍海上油气区块公开招标公告内容示例

CALL FOR BIDS NS16-1
the "LANDS"

LAND PARCEL NO.1—All petroleum substances in all geological formations

Grid (NAD 1927)	Hectares(ha)	Sections
43°50′N59°30′W	33903	1-50,53-60,63-70,73-80,83-90,92-100
44°50′N59°30′W	28256	1-18,21-28,31-38,41-47,51-57,61-67,71-77,81-87,91-97
44°10′N59°30′W	371	1
43°00′N59°15′W	7452	81-100
44°00′N59°15′W	7432	81-100
44°10′N59°15′W	742	81.91
Total Hectares	(Approximate)	78156

图 2–4　2016 年新斯科舍省海上油气公开投标区块范围描述示例

```
CALL FOR BIDS NS16-1 - APPENDIX II, PART A: BID RESPONSE FORM
                    LAND PARCEL # ____

To:     The Canada-Nova Scotia Offshore Petroleum Board

The undersigned, on behalf of itself and the other bidders noted below, hereby submits a
Work Expenditure Bid for land Parcel # _____ in response to Call for Bids NS16-1 in the
amount of:

         $ _____ ($CAD).

This Bid is made on behalf of the bidder(s) noted below:

| Full legal name of bidder(s) | Mailing address and street address (if different) | Share (%) |
|---|---|---|
|  |  |  |
|  |  |  |
|  |  |  |

The undersigned represents that it has the authority to act for and bind the other bidders
as their agent in making this Bid, and as such agrees on behalf of itself and the other
bidders that the terms and conditions contained in the form of Exploration Licence and
Significant Discovery Licence attached to the Call for Bids will apply if this Bid is
successful. The bidders appoint the above-named

_____
       (insert company name of representative)

as their representative for all purposes of Part II of the Legislation and acknowledge that
all further communications related to this Bid or any resulting licence will be exclusively
with such representative. A Bid Deposit in the amount of $10,000.00 (CAD) is submitted
with this Bid.
```

图 2-5　加拿大新斯科舍省海上油气区块公开招标标书示例

竞标者应根据招标公告中的要求编制标书，并于规定时间前送达。海洋石油委员会会将不符合招标公告中要求的竞标者的标书原封退还。另外，海洋石油委员会也要求竞标者或者许可证持有人在投标阶段或者交付工作量保证金前不仅在财力及资质上足以支撑深水勘探作业，也要求其能保证以安全且对环境负责的方式运营。一般对投标者的资质要求随区块而不同，对于作业容易的区块基本没有资质要求，但对于深水区块则要求较高，例如 2016 年该省油气区块公开招标中要求三个深水区块（#4，#5，#6）（图 2-6）的竞标者其母公司、附属公司或者联合作业者在过去 10 年有水深大于 800m 钻勘探井的经验（图 2-7），这就要求竞标者提交标书时需要同时提交如图 2-7 所示的作业经验证明。

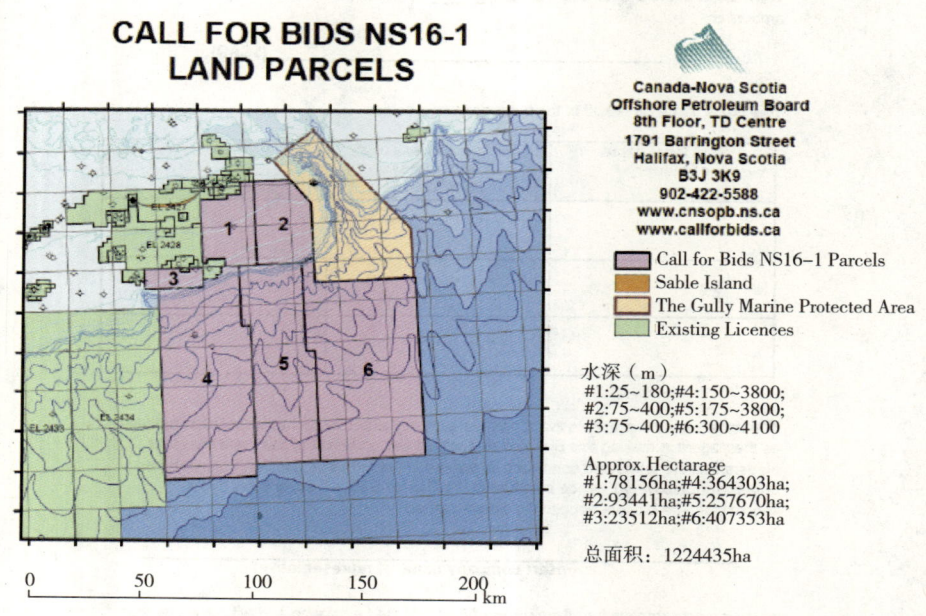

图 2-6 2016 年新斯科舍省油气公开招标区块

海洋石油委员会对招标区块进行了战略环境评估（SEAs），以便竞标者了解在这区域进行油气作业活动对环境可能造成的影响。获得这些区块许可证的竞标者，要结合评估结论，在后续特定作业活动中进一步完成具体的环境评估。海洋石油委员会所有决策中最优先考虑的因素是海洋安全和环境保护。

竞标者投标报价为工作量支出报价，是用于勘探许可证第一阶段勘探开发、研发和教育培训的资金金额。招标公告中将具体说明各区块的最低工作量支出报价，一般为 100 万加元。

竞标者投标时必须以银行汇票或支票的形式交付投标保证金，具

图 2-7　2016 年新斯科舍省招标公告中作业经验证明示例

体金额在招标公告中列明，通常为 10000 加元。中标者在交付工作量保证金后将退还投标保证金，无利息。若中标者未在规定时间内交付工作量保证金，则没收其投标保证金并取消中标资格，海洋石油委员会可将勘探许可证授予出价第二高的竞标者，不需要重新组织竞标。其他竞标者的投标保证金将在中标者交付工作量保证金后退还，无利息。

中标者需交付 25% 的工作量支出报价作为工作量保证金。工作量保证金必须以现金或本票的形式交付给加拿大库务局（Receiver General for Canada），并附有银行担保书。如果中标者在第一阶段未能完成工作量则勘探许可证收回，工作量保证金没收。

海洋石油委员会在其网站上公布中标人的身份和中标金额，其他竞标者的身份和投标金额都不会被披露（图 2-8）。如果两个或多个投标报价相等,那么海洋石油委员会将会告知各竞标者,竞标者可在海洋石油委员会指定的时间内(一般为24h)提交新投标。

News Release

For Immediate Release
November 16, 2012

Page 1 of 2

OFFSHORE BOARD ANNOUNCES RESULTS OF CALL FOR BIDS NS12-1

(Halifax, Nova Scotia, Canada) The Canada - Nova Scotia Offshore Petroleum Board (CNSOPB) today announced the results of its Call for Bids NS12-1 for Exploration Licences offshore Nova Scotia.

Shell Canada Limited was the successful bidder for 4 parcels resulting in $31,853,248.00 in work expenditure bids. BP Exploration Operating Company Limited was the successful bidder for 4 parcels resulting in $1,049,999,999.00 in work expenditure bids. "The Board will proceed with issuing Exploration Licences effective January 15, 2013 for these eight parcels, pending final Ministerial approval by both the Federal and Provincial governments," says Stuart Pinks, CNSOPB Chief Executive Officer.

The Work Expenditure Bid represents the amount of money the bidder intends to spend exploring the land parcels during the initial six-year period of a nine-year Exploration Licence. Successful bidders are required to post a deposit of 25 per cent of the amount of the bid to demonstrate their intention to conduct the work. The following outlines the winning Work Expenditure Bids for each parcel:

Call for Bids NS12-1	Successful Bidder	Work Expenditure Bid
Parcel 1	Shell Canada Limited	$2,355,664.00
Parcel 2	Shell Canada Limited	$1,644,336.00
Parcel 3	Shell Canada Limited	$25,878,695.00
Parcel 4	Shell Canada Limited	$1,974,553.00
Parcel 5	BP Exploration Operating Company Limited	$5,281,593.00
Parcel 6	BP Exploration Operating Company Limited	$322,413,027.00
Parcel 7	BP Exploration Operating Company Limited	$637,977,927.00
Parcel 8	BP Exploration Operating Company Limited	$84,327,452.00
Parcel 9	No bids were received	
Parcel 10	No bids were received	
Parcel 11	No bids were received	
Total		$1,081,853,247.00

图 2-8 2012 年新斯科舍省油气公开招标结果示例

新斯科舍省海上油气区块公开招标是公开而且透明的。任何个人或公司均可参与投标，任何个人或者团体都可针对招标提交书面意见。届时，海洋石油委员会将根据公众意见考虑区块许可证的发放。任何成功的竞标者都会得到经联邦自然资源部部长和省能源部部长批准的勘探许可证，勘探许可证将于次年 1 月 15 日授予中标者。

该省授予的许可证有三类，即 EL，SDL 和 PL。EL（Exploration Licence）即勘探许可证，最长有效期为 9 年，获得该许可证的竞标者可享有在区块内钻探和测试石油的权利以及申请获得生产许可证的专有权。SDL（Significant Discovery Licence）是指重大发现许可证，SDL 旨在维护勘探投资者在第一次油气发现和最终获得生产许可证期间的权利，只要证实重大发现有效，那么重大发现许可证则有效，所以该证有效期不确定。PL（Production Licence）为生产许可证，持有人可享有在协议区域内进行油气生产作业的权利，生产许可证协议期一般为 25 年，可延期。近 3 年，海洋石油委员会授予的许可证均为勘探许可证。勘探许可证一般分两个阶段：第一阶段有效期 6 年，该阶段是无土地租金的。如在第一阶段的最后一年有钻井作业并需持续至第 7 年或者在第 6 年交付了钻井保证金，则第一阶段可延续；如未满足钻井需求，则第一阶段及勘探许可证均终止。第二阶段为第一阶段的延续，时间为剩余勘探许可证有效期的时间，该阶段需要按年付租金，地租按第一年地租 2.5 加元 /ha，第二年 5 加元 /ha，第三年 7.5 加元 /ha 的逐年递增方式缴纳。

第二节　加拿大油气勘探开发区块竞标者群体分析

本书统计了 2015 年加拿大三个油气大省的油气区块出让面积及金额（表 2-4），艾伯塔省以总面积 16154km^2，居三省之首，占三省总出让面积的 90%，贡金（Bonus）收入占三省总额的 80%，该省协议类型以勘探许可证为主，面积占该省总面积的65.6%。

表2-4　加拿大2015年油气区块出让统计表

省份	协议类型	面积 km²	贡金 加元
艾伯塔省	租约	4946	93461271
	勘探许可证	10593	182365482
	油砂	615	22912975
	小计	16154	298739727
不列颠哥伦比亚省	租约	187	6990245
	许可		
	钻井许可证	435	11365753
	小计	622	18355998
萨斯喀彻温省	租约	968	53851449
	许可	—	—
	钻井权益	360	2618716
	小计	1328	56470165
	合计	18104	373565890

2015年，艾伯塔省共举办公开出让油砂项目12次，普通油气项目23次。从表2-5的统计结果来看，2015年艾伯塔通过油气公开招标共授出普通油气区块2192个，总面积155.4×10^4 ha（1.55×10^4 km²），总投标金额为2.76亿加元，平均每公顷177.5加元；从表2-6的统计结果来看，2015年艾伯塔油砂项目共公开出让47个区块，总

面积650km², 其中有4个区块未能成功出让, 43个区块由18家公司竞标成功, 总面积达615km², 总投标金额为2291万加元, 所中标的43个区块中仅有3个区块是由 Deltastream Energy Corporation 及 Frog Lake Energy Resources Corporation 两家公司的联合体参与竞标获得[23,24]。图2-9按地区列示了总投标金额在1万加元以上的投标, 从竞标结果来看, Land Solutions 旗下的子公司 Land Solutions GP INC 分别以总价1340万加元获得了 Peace River 油砂区的4块总面积为12352ha的油砂矿权益和9.4万加元中标获得了 Cold Lake 区两块总面积为1792ha的油砂矿权益。

表2-5 加拿大艾伯塔省2015年普通油气公开竞标结果

地区	区块	总贡金 加元	总面积 ha	平均值 加元/ha	平均值 加元/km²
Plains Region	930	40289776.54	384586.776	104.76	10476
Northern Region	1156	203425041.3	1035434.546	196.46	19646
Foothills Region	106	32111937.6	133899.04	239.82	23982
合计	2192	275826755.5	1553920.362	177.5	17750

表2-6 加拿大艾伯塔2015年油砂公开竞标结果

地区	招标区块数	中标区块数	总投标金额 加元	总面积 ha	平均 加元/ha
Cold Lake	26	26	13111880.95	12005.48	109.27
Alhabasca	7	7	485096.96	29952.00	16.20
Peace River	14	10	21116001.48	19520.00	1081.76
总计	47	43	22912979.39	61477.48	372.71

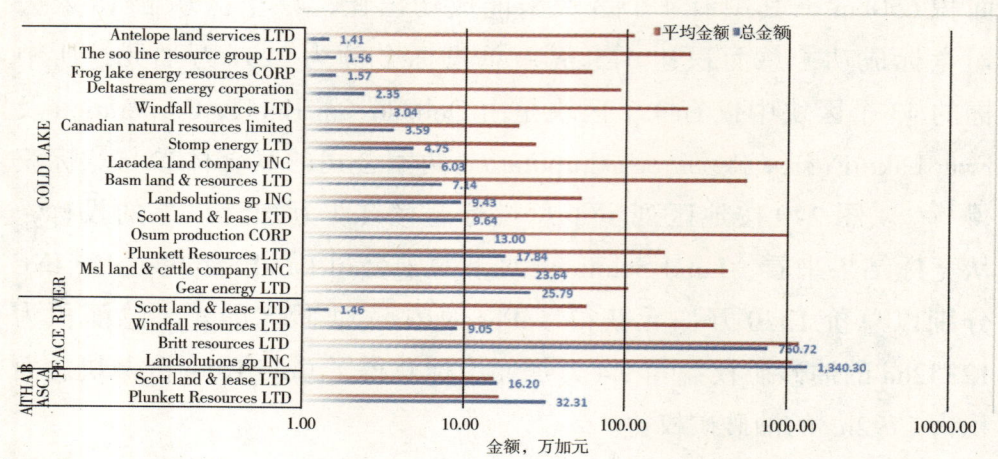

图 2-9　艾伯塔省 2015 年油砂公开竞标结果示例

按行业习惯，油气公司可划分为大型油气公司和小型油气公司。大型油气公司是指综合性的国际油气公司，往往包括了勘探开发、管道和炼油分销等业务；小型油气公司指专注于上游开采的独立公司。加拿大有很多规模较小的独立石油公司。大型油气公司和小型油气公司对于不同资源种类的开发有着不一样的偏好。加拿大大型油气公司的投资重点主要为海洋石油、油砂和页岩项目，这类项目都具有较大的投资规模和较高的技术难度，成功开发后的产量规模也是可观的。小型油气公司受资金的限制，大部分还是将开发的重点投向传统油气项目。加拿大可开发的传统油气区块从不列颠哥伦比亚省的西北部到中西部的艾伯塔省，一直绵延到中部的萨斯喀彻温省和马尼托巴省（Manitoba）。根据历年艾伯塔省能源部公布的竞标结果来看，参与艾伯塔常规油气项目的竞标者群体非常庞大，且多为本土的中小型油气公司，而油砂项目由于其开采周期长、勘探开发成本高，参与竞标的多为大中型公司如塔利斯曼能源公司（Talisman Energy）、EOG Resources、赫斯基能源公司（Husky Energy）和阿帕奇加拿大公司（Apache Canada）以及加拿大本土最大的油气公司——Suncor 能源公司。

另外，本书也调研了新斯科舍省的油气区块出让情况。受技术资质、海上勘探项目投资规模等因素的限制，近几年参与新斯科舍省海上竞标的多为国家石油公司或大型国际油气公司，如 2012 年中标者为 Shell Canada Limited 和 BP Exploration Operating Company Limited，2015 年中标者为 Statoil Canada Ltd.[25]。

综上分析，参与加拿大常规油气区块出让的竞标者多为中小型油气公司，外国公司参与竞标多在加拿大注册本地公司或者与本土公司组成联合体或借助 Land Manger 的帮助参与竞标。油砂项目受成本及时间限制多为大型公司参与竞标。而海上油气项目因勘探成本高，多为大型国际油气公司及国家石油公司参与竞标。

第三节　加拿大竞标者常用竞标措施分析

加拿大各省都有相应立法，制定了政府向私人和公司出让油气权益的法律制度。相关招标公告也都有说明竞标者投标需要注意的事项，竞标者需要对招标公告及相关法规有深入了解。纵观历次加拿大政府出让油气区块的公告，陆上油气项目对投标者的要求相对较为宽松，仅要求竞标者注册各相关系统参与投标，竞标者在竞标前做好相关准备工作即可。

竞标者在公告中获取的信息有区块介绍材料、标书投递截止时间要求、标的金额计算、标书的规范等相关内容。此外，竞标者也需要在竞标前对意向区块进行摸底，获取如目的层及区块的地表情况等信息。竞标者可以借助土地专家，也可以通过数据管理的前沿公司 Geologic 购买相邻区块或者相似地质条件的区块资料来评价意向区块。

在对意向区块有了总体认识及评价后，竞标者可在开标前 8 周开始投标，随后仍需要通过 ETS 密切注意系统通知，及时跟进投标动态，如出现竞标金额相同时可及时更改，提高中标率。

此外，加拿大油气招标的全民参与性非常强。公众可对招标公告提出书面意见，并于规定时间提交才有效，竞标者在参与招标时需关注公众对招标公告的反应，这也便于竞标者及时做出决策。

对于本土的一些小型公司来说，虽然投标的金额不是很大，但后续开展勘探及开发活动仍需要强劲的现金流来支撑，从公司的长期战略发展规划来看，作为竞标者的这一类小型公司多会组成联合体参与投标，如前文提及的两家公司就组成联合体参与了3个区块的油砂项目投标。

对于外国公司来说，虽然加拿大油气竞标市场十分开放，对外国公司并无限制，但竞标操作方面还是本土企业较为便利。如果外国公司参与了投标，为了加大中标率，常常会与加拿大本土公司组合成联合体或者委托加拿大的土地专家或者管理公司代理竞标。如前文提及的 Land Solutions 这一类的公司就极有可能是受其他公司委托参与竞标的。

虽然加拿大艾伯塔省的油气招标对竞标者的资质没有限制，满 18 周岁的加拿大公民或者企业都可参与竞标，但加拿大海上项目招标对竞标者的资质是有所限制的，如新斯科舍省海上区块招标就要求投标人其母公司或附属公司或联合运营商在过去 10 年有水深大于 800m 钻勘探井的经验。如果竞标者在竞标此类区块时并不符合该资质，可以寻求满足相关要求的公司组成联合体参与竞标。

第四节　加拿大政府规范竞标秩序的有关政策和措施

加拿大作为一个油气政策法规相当健全的国家，其竞标系统是公开而且透明的。根据加拿大艾伯塔省能源部数据，截至 2014 年 12 月 31 日，艾伯塔省能源部共授出油气协议 88827 项[26]，艾伯塔省是加拿大油气区块出让次数最多、频率最高的一个省。除了其竞标程序公开透明，省政府在规范竞标秩序方面也掌握了绝对的主控权。

第一，艾伯塔省政府发布的公告内容明确。公告中对投标截止时间、投标系统、投标金额做了明确规范，这对投标的有序运行提供了充分保障。投标系统方面，竞标者需要在投标前通过向能源部的客户登记处提出申请并注册系统，竞标者成功注册系统后方可进行竞标。另外，如若竞标者的标的金额出现了相同情况，系统会实时通知竞标者，既利于竞标者及时地做出是否跟进该竞标的决策，又便于政府管理招标，这无疑简化了竞标的流程，也保障了竞标工作有序进行。

第二，招标公告中区块介绍材料详细，招标公告中对区块的大小、所在区域、目的层及潜在层等都有所说明，对竞标者明确区块信息以及了解地表信息提供了一定的帮助。能源部网站对此前的竞标数据均已公示，竞标者也可借鉴相邻区块的竞标价格来参与投标。再者，加拿大的油气数据在省政府、能源部和监管机构网站等都是可以免费查阅并下载的；除此之外，竞标者还可以通过 Boe Report 和 geoLOGIT 等油气公开数据管理公司获取相关资料，便于竞标者更加充分地了解竞标区块。

第三，支付便捷。竞标者在参与艾伯塔省油气投标前，除了需要注册 ETS 系统，也需要注册 EFT 账户。中标者在中标后的付款都需要通过电子转账，竞标者也需要确保其中标后电子账户中有足够的金额。这一要求既便利了竞标者付款给能源部，也避免了出现竞标者参与投标但不支付的现象发生。

第四，艾伯塔省油气招标对竞标者资质方面并无要求，各次公开招标也均以"价高者得"的标准进行评标，评标标准唯一且透明，避免了竞标争议。本书也调研了加拿大海上油气区块竞标，新斯科舍省海上油气竞标就对竞标者的资质方面提出了要求。如 2016 年海上区块的招标工作就要求竞标者参加深水区块投标时应有 10 年 800m 深水作业经验。如果竞标者不满足此要求，其母公司或者附属公司、联合作业伙伴满足该要求也可参与投标。

第五，惩罚方面。艾伯塔省油气招标公告规定，如竞标者为公开招标中某区块的申请者，但该区块在此次招标中流标，那么该区块的申请者将被处以 625 加元的罚款。

第六，成熟的法律环境。艾伯塔省政府的皇家油气协议均基于采矿与矿物法案（Mines & Minerals Act）、油气保护法以及一系列法规、附属条例等，竞标者成功中标后所签署的油气协议均有法可依，中标者后续的运营也必须遵守相应的法律法规及条例。如加拿大艾伯塔省石油与天然气管理规定（Tenure Regulation）中对租约及许可的面积、期限以及续延等都做出了明确规定。

第三章　加拿大政府开放油气区块竞争出让评标标准研究

加拿大政府的油气出让区块评标体系经过大量出让工作实践，取得了令人瞩目的效果，极大地提高了油气资源勘探开发水平，保障了本国油气资源供应。本章主要分析了加拿大油气区块出让成果，并以艾伯塔省和新斯科舍省为例总结了两省关于竞标者违背评标规则等违规行为的处理方式。

第一节　油气区块竞争出让评标标准

本书主要调研了加拿大艾伯塔省、不列颠哥伦比亚省、萨斯喀彻温省及海上新斯科舍省4个省的油气公开招标概况，详细研究了艾伯塔省及新斯科舍省的招标流程。加拿大的油气区块公开竞争出让起始于20世纪50年代，现已形成了一个完善而且成熟的招标系统。基于调研数据来看，加拿大油气区块的公开竞争出让，不论是租约还是协议，常规油气区块还是非常规油砂区块，基本都遵从价高者得的评标标准。各省的招标公告、招标规范及相关法规中也都明确规定了符合招标公告中要求且出价最高的竞标者将获得相应竞标区块的油气权益。这唯一的评标标准也利于各省油气竞标的展开及后续协议的迅速进行。这一标准的顺利进行也得力于加拿大现今的招标系统，如艾伯塔省自1998年起就已经投入使用了 ETS 系统参与投标。

艾伯塔省每年至少举行24次油气竞标，每次竞标自公布招标公告后耗时约8周。招标公告（图3-1）中规定了竞标者的投标截止时间、如何投标、投标金额等，这也意味着竞标者必须注册相关系统，报价

```
BIDDING DEADLINE

Offers to purchase petroleum and natural gas leases and licences (including any
subsequent amendments) contained in this notice will not be accepted after 12 noon on
2016 January 13.

HOW TO SUBMIT BIDS

1. E-Bidding is mandatory for the submission of bids for petroleum and natural gas
   leases and licences.
2. Bid requests must be submitted using the Department of Energy's Electronic
   Transfer System (ETS).

AMOUNT OF PAYMENT

1. Your total bid includes the bonus, rent at $3.50/ha or $50.00, whichever is
   greater, and a fee of $625.00.
2. A bonus offer of less than $2.50/ha for a lease or $1.25/ha for a licence will not
   be considered.
3. The department reserves the right to reject any bid.

FORM OF PAYMENT

1. Payments must be made by electronic funds transfer (EFT) only.
2. Companies and individuals that do not have a GST registration number are liable
   for payment of the Goods and Services Tax on various charges. All registrants must
   ensure that they provide their GST registration number in writing to the Financial
   Services Branch @ Fax No. (780) 422-4281.
```

图 3-1　加拿大艾伯塔省油气招标公告示例

必须满足公告要求，支付账户中必须有足够的资金支撑投标。竞标结果也将在竞标结束即竞标日当天下午展示在相关网站上。竞标者也可以通过 ETS 系统获取竞标结果。

　　海上油气区块竞争出让的评标标准与陆上区块有所不同，虽然两者都是"价高者得"，但根源在于"价"的目的及意义是不同的，海上区块的报价是工作量支出报价，指用于勘探许可证第一阶段勘探开发、研发和教育培训的资金金额。相对来说，浅水油气区块的评标标准基本与陆上油气竞标的评标标准类似，而深水海上区块公开竞争出让的评标标准并不仅限于竞标者的出价，还对竞标者的资质如深水作业经验有所要求。竞标要求竞标者投递的标书以两个密闭信封分别装入资质证明及投标函并按规定在信封上标示。如果参与深水区块的竞标者不满足招标公告中的作业经验要求，则组织者将不再拆封第二个信封并原封退回，这也就说明不合格的竞标者不需要交付任何费用。除此之外，深水区块的竞标也有最低贡金报价的要求，如2016年新斯科舍省油气竞标就要求最低报价为100万加元。

第二节 评标标准优劣势分析

前文提及了加拿大陆上各省及海上浅水油气区块的竞争出让投标参数是唯一的，除去海上项目要求竞标者有相关作业经验外，均是出价最高的竞标者将获得油气勘探开发权益，竞标者基本不受人为主观因素的影响，避免了评标争议的发生。虽然深水区块的竞争出让对竞标者资质有所要求，但鉴于海上勘探开发项目投资大，开放的区块也比较少，竞标者多为国际大型公司或者大型公司的联合体，因此，资质审查受人为影响的概率是非常小的。这是其一。

其二，本书在调研过程中发现，加拿大艾伯塔省和萨斯喀彻温省油气招标与中国油气招标很大不同的一处就是，两省油气招标均通过电子系统进行，招标系统十分有利于管理。艾伯塔省的公开招标通过ETS系统进行操作，竞标者通过该系统参与投标，省政府可以通过该系统发起招标并管理，可及时告知竞标者竞标最新进展以便更改报价等，这一系统不仅便于组织者方便快捷地运行招投标事项，也利于参与竞标的公司或者个人及时了解竞标进展。这也是艾伯塔省每年招标次数、开放土地面积、贡金收入等都在各省稳居第一的有效保障。而实现该电子系统运行招投标的根本原因是仅需要就贡金一个参数投标，如果评标标准复杂，则必将增加电子系统运行的难度。

其三，加拿大的油气竞争市场是公开、透明和自由的，在投标资格准入方面，参与加拿大油气竞争出让的竞标者可以是加拿大本土企业、国际大型油气公司、团体或者任何满18周岁的加拿大公民，竞标者也可以参与土地提名。加拿大除了海上深水招标对竞标者的资质有所限制外，招标均以价高者得作为评标标准，加拿大政府也因此采取了类似美国政府的"低准入、严监管"的模式，保障油气行业健康发展，并吸引了大批国内外油公司、基金投资加拿大油气勘探开发业务。

　　同美国情况类似，加拿大这种简单的评标标准是建立在其良好的社会信用体系、庞大的油气行业投资者群体和严格的中标后监管基础之上的，离开这些客观环境，体系的应用效果必定受到影响。

第四章 加拿大油气区块出让评标指标执行效果分析

第一节 主要评标指标执行效果和监管体系

加拿大政府的油气区块评标体系在大量出让油气区块招标中获得了检验,取得了非常突出的执行效果。本书主要调研了加拿大艾伯塔省、不列颠哥伦比亚省、萨斯喀彻温省及海上新斯科舍省4个省的油气公开招标概况,详细研究了艾伯塔省及新斯科舍省的招标流程。图4-1至图4-5分别统计了加拿大陆上、海上油气竞争出让的区块总面积、贡金概况,可以看出艾伯塔省在加拿大历年总出让土地面积及贡金方面占比约70%,东海岸各省基本每年度举行一次公开竞争出让,流标概率大,1990—2015年共出让油气区块总面积约$44 \times 10^4 km^2$,总贡金约105亿加元。图4-6和图4-7分别列示了艾伯塔省油砂、常规油气区块的历年招标概况。艾伯塔省1977—2015年共累计出让油气区块面积约$120 \times 10^4 km^2$,总贡金达370亿加元,高度盘活了油气区块,产量上升迅猛,图4-8为加拿大历年油砂产量统计。这些均表明加拿大目前的投标评标体系吸引了大量投资者,极大地发展了本国油气工业,收到了很好的执行效果。

加拿大政局稳定,法制健全,信用完善。油气勘探开发业务受到联邦及各省政府油气行业主管部门、监管部门、环境保护部门和税务部门等多方面的监管。陆上油气竞争出让评标指标的监管是十分简单的,竞标者必须遵循各省的相关法律法规及条款,组织者开放的油气区块面积亦应符合法律中的规定。艾伯塔省及萨斯喀彻温省都采用电子系统进行公开竞标,不列颠哥伦比亚省及海上新斯科舍省均采用密封投标的方式进行公开竞标，招标区块的面积限制、租期、地租以及协议的延期等都在相应一系列的法律法规中有明确的规定。

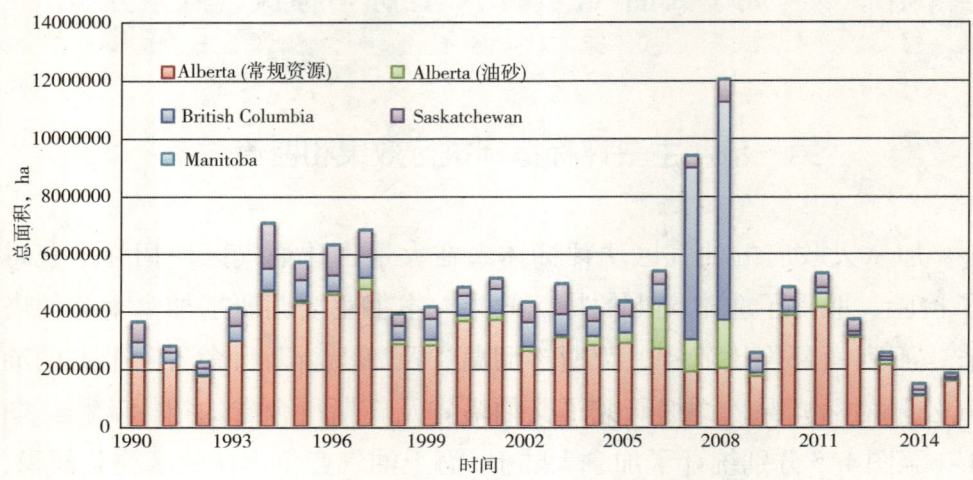

图 4-1　加拿大陆上油气公开招标区块总面积概况

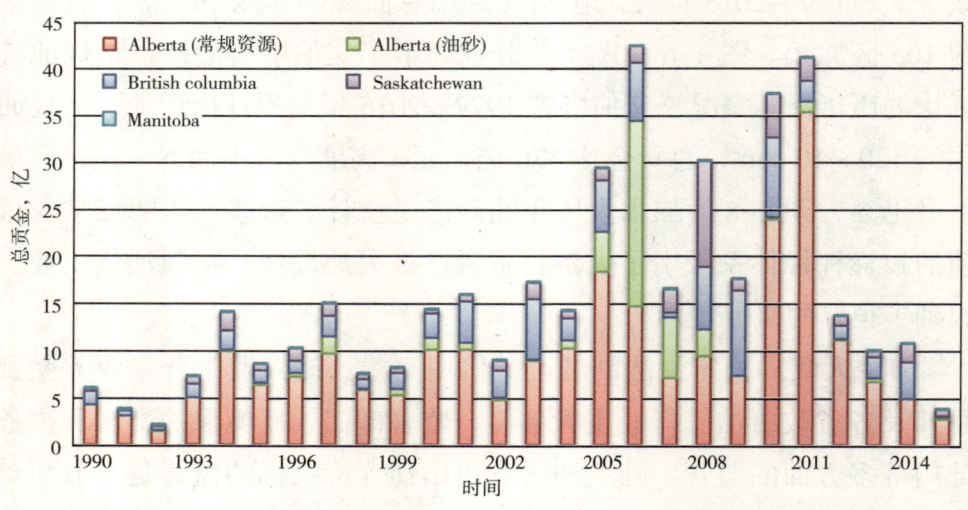

图 4-2　加拿大陆上油气公开招标总贡金概况

第四章 加拿大油气区块出让评标指标执行效果分析

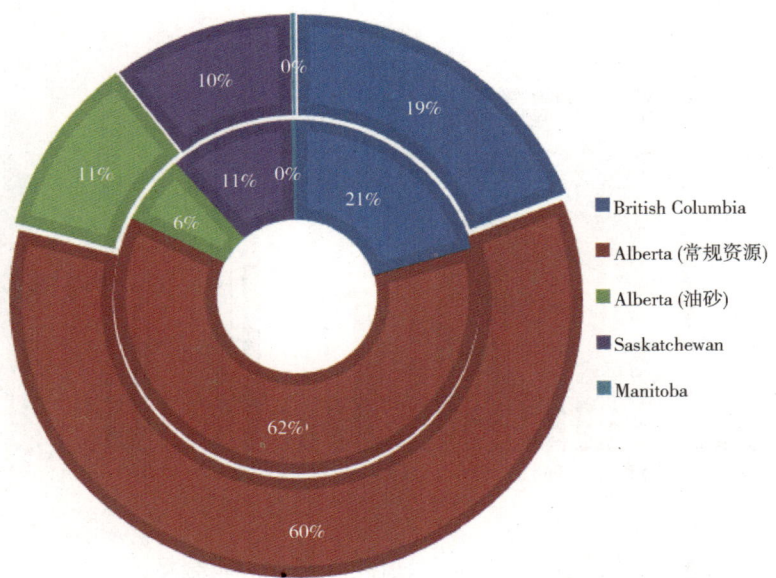

图 4-3 加拿大陆上各省历年累计竞争出让总面积及总贡金占比

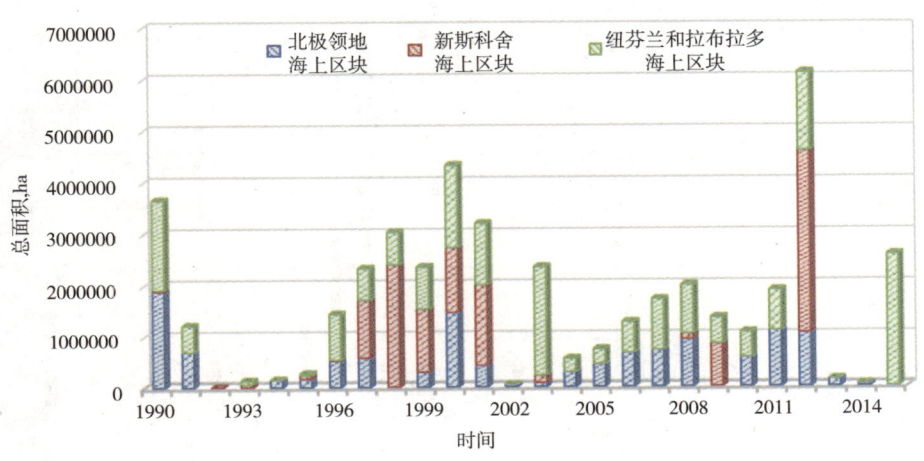

图 4-4 加拿大海上油气公开招标区块总面积概况

45

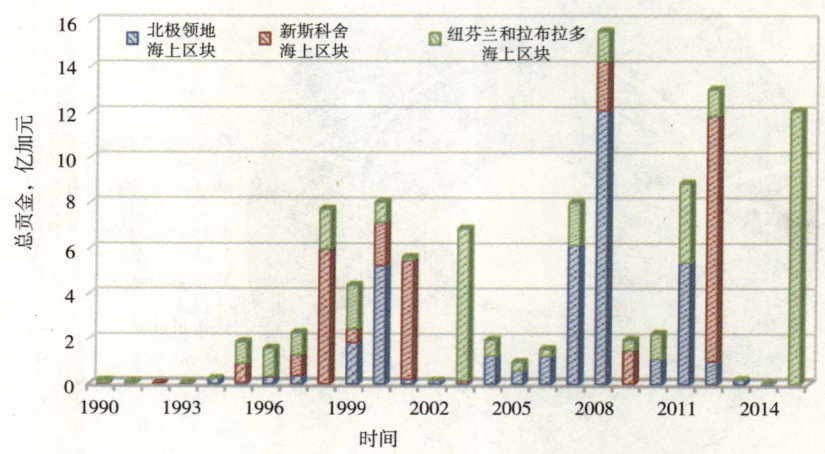

图 4-5 加拿大海上油气公开招标区块总贡金概况

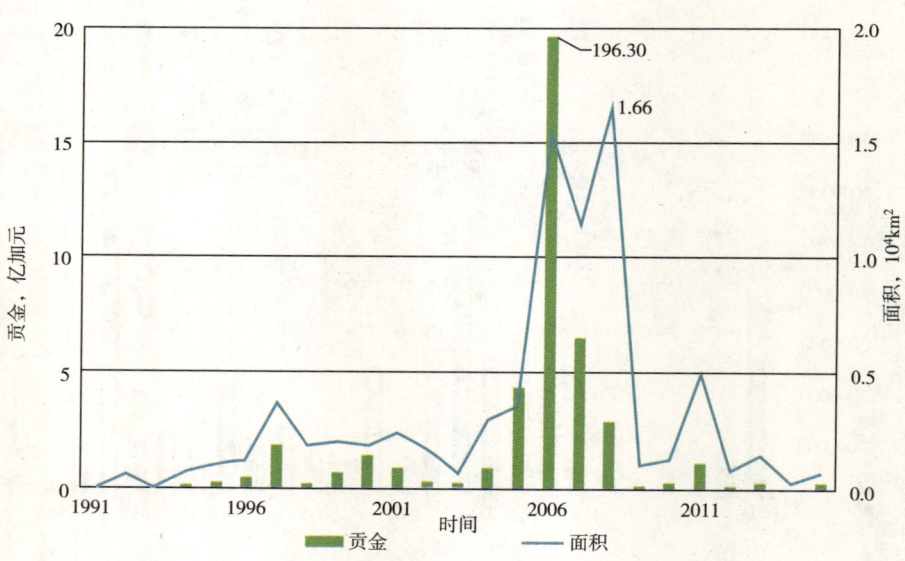

图 4-6 加拿大艾伯塔省历年油砂公开招标概况

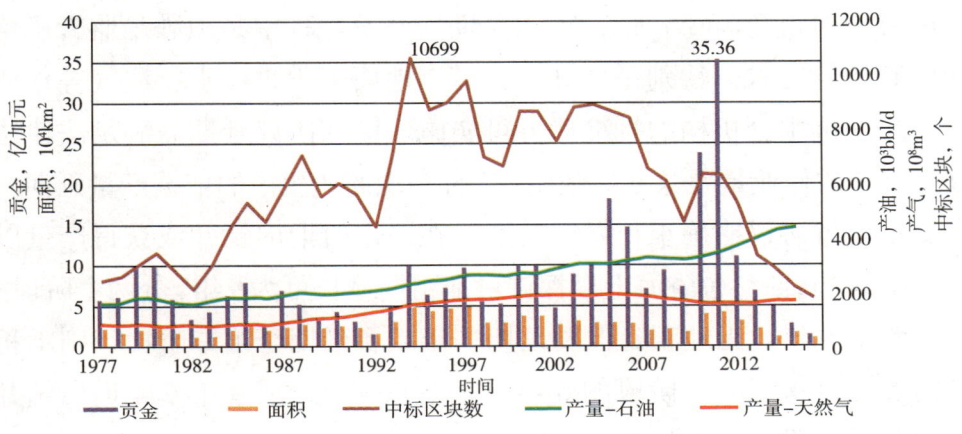

图 4-7　加拿大艾伯塔省历年油气公开招标概况

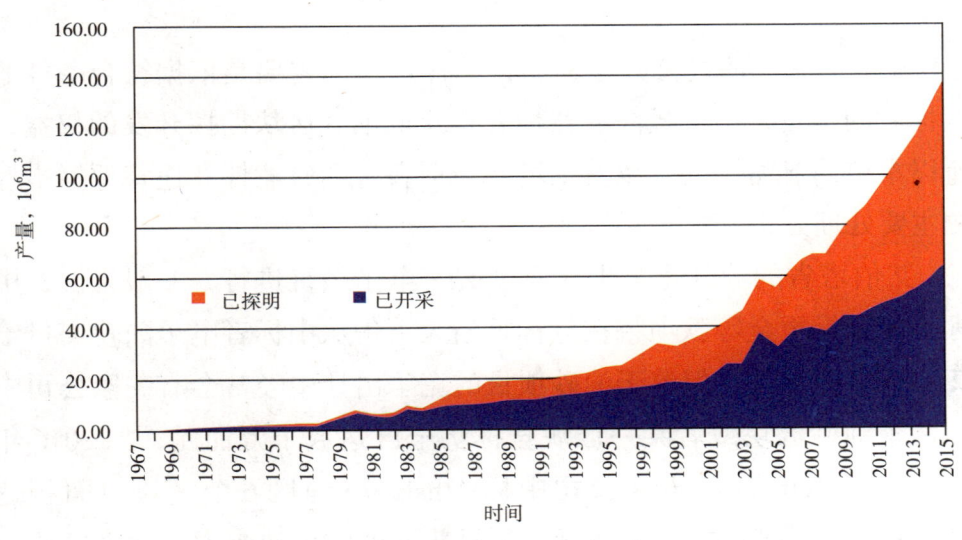

图 4-8　加拿大油砂历史产量统计

组织者在竞标日当天就可以从中标者的支付账户中直接划转投标金额。如若支付失败，将处以竞标者一定罚款（如艾伯塔省油砂项目，竞标者需支付3%的贡金作为处罚）并收回区块。此外，中标者获得油气勘探开发权益后只需要在每年的协议签署日交付土地租金（如艾伯塔省土地租金为 3.5 加元 /ha），勘探开发过程中必须满足监管机构的所有监管需求，特别是钻井、管道、地面工程、注水、注气等作业均需要获得主管机构的批准后方可实施。勘探协议延期需满足法律法规中规定的作业量要求方能延期，或者实现商业生产的依据产量延期。如艾伯塔省协议明确承租者需要通过在一定时期内钻井或获得产量以持有土地，新斯科舍省海上勘探许可证租期最长可为 9 年，分两个阶段：第一阶段 6 年，无地租，但要延期一年或者延期至第二阶段，则承租者需要在勘探期第一阶段的 6 年内完钻井一口，或在第 6 年提出钻井申请或者已开始钻井作业。

第二节 中标者违背评标指标的主要处理方式

鉴于加拿大油气公开竞标出让的评标指标主要是依据符合条件的竞标者的报价，出价最高的竞标者将获取油气区块勘探开发的权益，所以本节内容将主要介绍艾伯塔及新斯科舍两省竞标者违背评标指标的主要处理方式。

艾伯塔省的油气竞争出让通过 ETS 电子系统进行，一般来说，中标者的竞标贡金等款项将在竞标日当天下午从中标者电子账户支付给艾伯塔省能源部。但鉴于油砂项目的竞争出让中经常会有一家公司中标多个油砂区块或者某一区块竞标贡金已达数千万加元，如 2016 年 6 月，Plunkett Rescources 公司中标 Athabasca 地区 6 个区块总面积达 $2.68km^2$，总贡金约 1.1 亿加元。相对普通油气区块来说，油砂区块公开竞争出让的投标金额要略高一些，因此在交付相关款项的时限上较普通油气竞争出让要相对宽松，允许中标者在竞标日结束两日内交齐所有款项。若中标者在两日后仍未支付竞标贡金等款项，能源部将通知竞标者并对竞标者作出处罚，竞标者需要对其所有授予的区块缴纳投标总金额的 3% 作为罚款。竞标者在规定时间内（一般为收到通知后

24h）支付所有款项及罚款后，可继续拥有授予的区块或者竞标者仅缴纳罚款，区块也将被授予第二个最高竞标者或者由能源部撤回。如果同一竞标者不止一次发生此类情况，省能源部保留拒绝该公司或个人未来出价和（或）提名区块的权利。

另外，在招标公告中也指出，如竞标者在招标过程中提名了某一区块但是未竞标该区块，若由此导致了该区块流标，则对提名该区块的竞标者处以 625 加元的罚款。陆上其他各省的油气竞争出让也基本类似。由此看来，加拿大陆上各省油气竞争出让对竞标者还是相当宽容的，但中标者在后续运营中标区块的勘探开发活动过程将受到十分严格的监管。

海上油气竞争出让较陆上有很大的区别，主要体现在贡金及竞标者两个方面。首先海上油气竞争出让中竞标者的贡金报价为工作量支出报价。但鉴于出让的多为勘探区块，投入较大，深水区块尤甚。其次，竞标团体也有较大不同，参与海上竞标的多为国际大型油气公司。海洋石油委员会在其网站上公布中标人的身份和中标金额，其他竞标者的身份和投标金额都不会被披露。如 2012 年 BP 公司斥资超 10 亿加元中标了 4 个区块[27]（图 4-9），按照招标公告及相关法律法规规定，BP 公司需要支付 25% 的工作量支出报价作为工作量保证金。工作量保证金必须以现金或本票的形式交付给加拿大库务局（Receiver General for Canada），并附有银行担保书。如果中标者在勘探期第一阶段未能完成工作量则勘探许可证收回，工作量保证金没收。

另外，竞标者在投标时必须以银行汇票或支票的形式交付投标保证金，通常为 10000 加元。此外，前文提及海上竞标对于深水区块的竞争出让要求竞标者或者其母公司、附属公司或者联合作业者在过去 10 年有水深大于 800m 钻勘探井的经验，竞标者需要分别提交标书及作业经验证明，开标时将先开密封有作业经验证明的信封。如果竞标者不符合资质，将原封退回内含标书及投标保证金的信封。中标者在

Call for Bids NS12-1	Successful Bidder	Work Expenditure Bid
Parcel 1	Shell Canada Limited	$ 2355664.00
Parcel 2	Shell Canada Limited	$ 1644336.00
Parcel 3	Shell Canada Limited	$ 25878695.00
Parcel 4	Shell Canada Limited	$ 1974553.00
Parcel 5	BP Exploration Operating Company Limited	$ 5281593.00
Parcel 6	BP Exploration Operating Company Limited	$ 322413027.00
Parcel 7	BP Exploration Operating Company Limited	$ 637977927.00
Parcel 8	BP Exploration Operating Company Limited	$ 84327452.00
Parcel 9	No bids were received	
Parcel 10	No bids were received	
Parcel 11	No bids were received	
Total		$ 1081853247.00

图4-9 新斯科舍省2012年油气竞争出让结果示例

交付工作量保证金后将退还投标保证金，无利息。若中标者未在规定时间内交付工作量保证金则没收其投标保证金并取消中标资格，海洋石油委员会可将勘探许可证授予第二高竞标者，不需要重新组织竞标。其他竞标者在中标者交付工作量保证金后将退还投标保证金，无利息。

加拿大政局稳定，法制健全，信用完善。油气勘探开发业务受到联邦及各省政府油气行业主管部门、监管部门、环境保护部门和税务部门等多方面的监管。综上而言，加拿大无论是陆上各省还是海上，油气公开竞争出让的过程中都必须严格遵循相关法律法规，这不仅仅在招标公告中有所体现。如若竞标者在招标过程中违反了评标指标或者违反了相关规范要求如招标公告中的相关规范，轻则处以一定的罚款，重则取消中标资格，收回协议，并保留拒绝该竞标者未来出价和（或）提名区块的权利。由此看来，加拿大油气竞争出让有法可依，执法必严，违法必究，处罚分明，公开、公正而且透明，这也极大程度上避免了评标争议，培育了发达、活跃和健康的油气勘探开发市场。

参考文献

[1] Canadian Centre for Energy Information: Evolution of Canada's oil and gas industry. ISBN 1-894348-16-8. Robert D.Bott.

[2] U.S. Energy Information Administration. International energy data and analysis :CANADA [EB/OL].https://www.eia.gov/beta/international/analysis_includes/countries_long/Canada/canada.pdf.

[3] British Petroleum Company. BP World Energy Outlook 2016 [EB/OL]. http://www.bp.com/content/dam/bp/pdf/energy-economics/statistical-review-2016/bpstatistical-review-of-world-energy-2016-full-report.pdf.

[4] CAPP.CAPPWebsite Data[EB/OL].http://www.capp.ca/canadian-oil-and-natural-gas/oil-sands.

[5] Government of Alberta.Government of Alberta, Energy[EB/OL].http://www.energy.alberta.ca/OurBusiness/Gas.asp.

[6] Government of Alberta.Government of Alberta, Energy[EB/OL].http://www.energy.alberta.ca/OilSands/791.asp.

[7] U.S. Energy Information Administration[EB/OL].World Shale Resource Assessments. http://www.eia.gov/analysis/studies/worldshalegas/ [EB/OL]

[8] U.S. Energy Information Administration.Technically Recoverable Shale Oil and Shale Gas Resources: Canada[EB/OL]. http://www.eia.gov/analysis/studies/worldshalegas/pdf/Canada_2013.pdf .

[9] CAPP.CAPPreport .2016 CAPP Crude Oil Forecast. Markets & Transportation[EB/OL]. http://www.capp.ca/publications-andstatistics/publications/284950.

[10] CAPP. Statistical Handbook for Canada's Upstream Petroleum Industry[EB/OL]. http://www.capp.ca/publications-andstatistics/statistics/statistical-handbook.

[11] AmericanEconomicAssociation.AmericanEconomic Review[EB/OL]. http://www1.aer.ca/AnnualReport/.

[12] Canada government. Canadian LNG Projects[EB/OL]. https://www.nrcan.gc.ca/energy/natural-

gas/5683.

[13] Boe report.Western Canadian Sedimentary Basin[EB/OL].http://boereport.com/westerncanadiansedimentary-basin/#wellMap.

[14] FracFocus.Hydraulic Fracturing in Alberta Facts and Stats[EB/OL]. http://www.fracfocus.ca/.

[15] NEB report. Canada's Pipeline Transportation System 2016 [EB/OL].https://www.neb-one.gc.ca/nrg/ntgrtd/trnsprttn/2016/index-eng.html

[16] 丛琳，安海忠，于光.加拿大油气资源管理机构研究及启示[J]，资源与产业，2013(12).

[17] 敖晓文，冯连勇，唐旭.加拿大艾伯塔省油气监管最新变革[J]，中国矿业，2016(1).

[18] Gordon Jaremko. Energy Resources Conservation Board :75 years of AlbertaEnergy Regulation [M].https://www.aer.ca/documents/about-us/Steward_Ebook.pdf.

[19] Government of Alberta.Tenure Administration [EB/OL]. http://www.energy.gov.ab.ca/Tenure/1087.asp.

[20] Ministry of Natural Gas Development. Guide to Acquiring Crown Petroleum and Natural Gas Tenures [EB/OL]. http://www2.gov.bc.ca/assets/gov/farming-natural-resources-and-industry/natural-gas-oil/png-crown sale/publications/biddinganddispositionguide.pdf.

[21] 萨斯喀彻温省政府.Bid on Crown Public Offering Parcels [EB/OL]. http://www.saskatchewan.ca/business/agriculture-natural-resources-andindustry/oil-and-gas/crown-land-sales-dispositions-and-tenure/public-offerings/bidding-on-crown-public-offering-parcels

[22] Canada-Nova Scotia Offshore Petroleum Board [EB/OL]. Guidelines on the Issuance of Exploration Licences. http://www.cnsopb.ns.ca/pdfs/issuance.pdf.

[23] Government of Alberta. Public Offering Notices and Results [EB/OL].http://www.energy.gov.ab.ca/Tenure/1314.asp.

[24] Government of Alberta.Oil Sands Public Offerings and Results [EB/OL].http://www.energy.gov.ab.ca/OilSands/831.asp.

[25] Canada-Nova Scotia Offshore Petroleum Board.Offshore Board Announces Results of Call for Bids NS15-1 [EB/OL]. http://www.cnsopb.ns.ca/news/offshore-board-announcesresults-call-bids-

ns15-1.

[26] Government of Alberta.Tenure [EB/OL].http://www.energy.gov.ab.ca/OurBusiness/tenure.asp.

[27] Canada-Nova Scotia Offshore Petroleum Board.Offshore Board Announces Results of Call for Bids NS12-1 [EB/OL]. http://www.cnsopb.ns.ca/sites/default/files/-pdfs/final_bids_award_news_release_nov_16.pdf.